10日間で引き〔　　〕る！

超やせ ルーティン

すぐ習慣化できる
5分燃焼トレーニング

Momomi 著

内科医 野坂華理 監修

KADOKAWA

My History

すぐに結果が出なくて挫折した。
無理なダイエットで体がボロボロになった。
頑張れない自分が嫌になった。
私が経験したことです。
"継続"っていうのは簡単だけど、
実行するのは本当に大変。
じゃあ、どうしたらいいの?
すぐに結果が出るダイエットには
無理がともなうから心が折れそう。
それにリバウンドするのが目に見えている。
だったら、すぐに結果が出ることを
求めなきゃいいんじゃない!?
そんなときに出合ったダイエット法があります。
目標の自分になれることを信じられるものでした。
その結果、体重は55kgから44kgに。
トレーニング中に"ここに効いている"って
実感したことで、明日を信じることができました。
もちろん、それでも継続するのは大変。
だから、まず、10日間だけ信じてみませんか?

運動が苦手だった私がおすすめするのは
短時間でできる"筋トレ"ダイエット。
特に朝、少しでもいいから
トレーニングをすると
体の調子や姿勢が整い、
1日を気持ちよく過ごすことができます。

私は体重を毎日はかるのをやめました。
その代わり、週に1～2回程度、
写真に自分の体型を収めて
ボディチェックをしています。
過去と今の写真を
定期的に見比べることで
ダイエットの成果が
着実に現れていることを実感できます。
ダイエットVLOG※の
視聴者の方からも
「私もやせた！」という
声が続々届き、とても好評です。

※ブログのようなテキストベースの日記で
　はなく、動画に収め、ダイエットの過程
　をビデオブログにまとめたもの。

Meal

このダイエットをはじめてから、
カロリー制限や甘いものを禁止するなど、
やせるために食事で我慢する必要がないことに
気づきました。
太りやすい食べ物はもちろんありますが、
時間帯によって食べ物の質や食べ方を工夫し、
3食きちんととる習慣をつける。
これだけでやせ体質をつくることができます。

休みの日は映画やドラマを見てゆったりと過ごすのがマイブーム。
夢中になってあっという間に時間が過ぎ、
ついつい夜更かしすることも。
動画のお供にブラックコーヒーを飲んだり、
アイスや甘いお菓子を食べたりするのが至福の時間。
もちろん次の日はトレーニングでしっかり調整します。

Leasure Time

CONTENTS

やせ体質
をつくる

トレーニング前のストレッチ

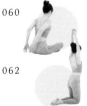

スッキリ細見え！ 下半身超やせトレーニング

072

#01
お尻を引き締める
ドンキーキック

074

#02
お尻を引き締める
サイドリフト

076

#03
お尻を引き締める
ブリッジキック

078

#04
太ももに効く
サイドトゥタップ

080

#05
太ももに効く
レッグアダクション

082

#06
太ももに効く
レッグドロップ

084

#07
太ももに効く
レッグクロス

086

#08
ふくらはぎを引き締める
カーフレイズ

088

#09
ふくらはぎを引き締める
ヒールアップ

090

#10
ふくらはぎを引き締める
トゥアップ

フォーム
ローラー
を使う！

脚トレ後のクールダウン

093 / *Stretch 1*
太もも前側

094 / *Stretch 2*
太もも外側と内側

095 / *Stretch 3*
ふくらはぎ全体

Part 4 食事制限なしでやせる簡単レシピ

本書のトレーニングにはQRコードがついています。スマートフォンなどでコードを読み込むと動画でやり方を確認できます。（本サービスは予告なく終了する場合もありますのでご了承ください）

1 目標設定を小さくして
トレーニングを習慣化する

ダイエットVLOGをはじめる前は、

食事制限ダイエットをしていましたが、

リバウンドが激しく、日を追うごとにやせづらい体質に。

ランニングもはじめましたが、

精神的にも体力的にもつらくて3日間でやめてしまいました。

そして、トレーニングを継続することの難しさで悩んだすえ、

自分の立てた目標が漠然としていて大きすぎることに気がついたのです。

そんなとき、「100AB CHALLENGE」※というトレーニングと出合い、

このトレーニングをやり切るという目標に切り替えることに。

続けることに焦点を当て、実現できそうな目標にすることで

トレーニングの習慣化に成功しました。

ダイエットにおいて重要なのは、小さな目標を達成することで

多くの成功体験を積み重ねて自信をつけること。

そして自分を限界まで追い込まず

「まだ続けられるかも」という心の余力を残すことだったんです。

※アメリカで考案された30日間チャレンジのダイエット方法。

続けられるトレーニングルール

平日と休日ではトレーニングにかけられる時間が変わってきます。
トレーニングを習慣化させるためのマイルールを紹介します。

平日	休日

時間

1回5〜10分以内で終わるトレーニングを行う。習慣化させるには、決まった時間帯に行うことがポイント。

1回10〜20分など平日よりも長めに行う。エネルギー消費量をアップさせる朝〜昼の時間帯がおすすめ。

トレーニングする時間帯によって、トレーニング内容や食事のとり方が少しちがうので注意しよう（P.012〜015）。

度合い

疲れ具合やトレーニングにかけられる時間を考慮して、腕、背中、肩、ふくらはぎなど、内容がハードではない部位をローテションで鍛える。

負荷がかかってキツいと感じる腹筋、お尻、太ももなどの部位を少し長い時間をかけて重点的にトレーニングする。

休息

体調が悪いときや生理中は無理して行わない。トレーニングを再開するときは、やりやすい内容を選び、少しずつ体を動かそう。

「キツい…」と感じるまで追い込まない！

無理なく続けられる習慣をつけよう！

2 朝トレーニングで 毎日を快調にスタート

トレーニングはライフスタイルに合わせて
ルーティン化しやすい時間に設定することが重要です。
ルーティン化することで、生活が規則正しくなることから
トレーニングを継続しやすくなります。
必然的に規則正しい食生活が定着し、
やせやすい体質に改善されるのです。
私は朝にトレーニングするのが日課。
基本的に朝にシャワーを浴びることが多いので
その前にトレーニングするほうが効率的という事情もありますが、
朝トレをきっかけに1日の過ごし方が変わりました。
朝トレは心も体もスッキリするので
1日のよいスタートをきりたい方におすすめです。
トレーニングをルーティン化させるには、
歯みがきや朝ごはんの後など、毎日必ず行うことの
前後に入れるのがコツです。

朝トレのルール

朝トレは自律神経を整えて代謝をよくし、集中力をUPさせます。
1日のはじまりにエネルギー補給と消費が行われ、体調が整います。

1 トレーニングは 朝ごはんを食べてから行う

空腹時はエネルギー不足なので、朝食をとってトレーニングしましょう。朝食時間をしっかり確保できない場合は、バナナやスムージーなど手軽なものの摂取がおすすめ。満腹状態での筋トレは気持ち悪くなることがあるので、食事量は調整してください。また、朝起きたらコップ1杯の水か白湯を飲み、腸の動きを活性化させましょう。

Doctor's POINT
空腹でのトレーニングは、筋肉のエネルギー源となる糖質とアミノ酸が不足している状態なので、現在ある筋肉を分解してエネルギーを得ようとする。そのため効果的な筋トレにはならない。また満腹状態で行うと消化活動に必要なエネルギーが充分に割けず、胃もたれなどの不調を引き起こす可能性があるので注意。

2 トレーニング後は タンパク質を補給する

トレーニング後45分以内にタンパク質をとることで、筋トレの効果を高めることができます。すぐに食事をとれないときは、プロテインを活用したり、昼食にタンパク質を多く摂取できるメニューを選んだりするのがおすすめ。

Doctor's POINT
トレーニング後は筋肉が大きく収縮し、回復しようとしている。そのため、筋肉の分解が進み筋肉量が減ることもある。筋肉の栄養補給と回復を促すために、運動後の45分以内にタンパク質を摂取しよう。

3 夜トレーニングでは 疲れた体をいたわる

トレーニング時間が夜になる場合、

もっとも気にしたいのは「寝る時間」です。

寝る時間から逆算してトレーニングを行うことが

夜型ルーティンの最大のポイント。

睡眠直前にトレーニングをすると、

目が冴えてしまい、眠れないことがあります。

食事においても就寝時間を考慮し、

消化のよさや栄養バランスを考えた

メニューにすることを忘れずに（→P.017）。

夜トレは1日の活動により

体がほぐれた状態でトレーニングを開始できます。

また、トレーニング後の睡眠によって

筋肉を休められるメリットもありますが、

疲れているときは無理をせず、

軽めのストレッチをする程度にしましょう。

夜トレのルール

夜トレと朝トレでは、得られる効果にちがいはありません。
ただし、夜トレには注意点があるので確認しておきましょう。

1 激しすぎるトレーニングを 夜間にするのは控える

ハードなトレーニングを行うと睡眠の質を下げることもあります。疲れているときは無理にトレーニングをしなくても大丈夫。体に負荷がかかりにくいトレーニングやストレッチに留めましょう。また、夜に体重をはかっても正確な数値は測定できないので、体重は週に1回程度、朝にトイレを済ませてからはかりましょう。鏡の前で全身のボディチェックを行うのはトレーニング後でOKです。

Doctor's POINT

必ずしも「寝る前の筋トレ＝寝つきや目覚めが悪くなる」ということではないが、体への負荷が大きいトレーニングをすると、体を休める働きを担う副交感神経よりも、体を目覚めさせる交感神経が刺激され、眠りにくくなる。また、眠りを妨げられると筋肉回復のための時間がとれなくなるので注意。

2 トレーニング時間が遅くなっても 食事はしっかりとるようにする

夜にトレーニングを行う場合も、食事を完全に抜くのはNG。夜遅くに食事をとることが多くても、それだけが原因で太ることはありません。食べ物の質や寝る時間を考慮し、体の負担を考えて食事をすることが重要です。

Doctor's POINT

体に負担をかけないために、筋トレ前に消化しやすい食べ物を摂取することが大切。筋トレのエネルギー源となる炭水化物や筋肉の原料となるタンパク質が摂取できるメニューがおすすめ。

4 3食ごとの栄養を考えて 食事をコンスタントにとる

トレーニングの成果を高めるためには食事が重要。

筋肉をつくるにはエネルギーが欠かせません。

1日3食の食事量を一定にすることで

胃腸への負担が少なく、きちんと消化してくれるので

やせやすい体質に改善されます。

また、ストレスも溜まりにくくなります。

ダイエット中の食事で大切なのは、食事量の制限ではなく

との栄養素をどの時間帯に摂取するかです。

私は「これは食べない」という縛りはひとつも設けていません。

甘いものが好きなのでお菓子は毎日食べています。

好きなものを食べた分、トレーニングをして消費カロリーを調整し、

食べすぎた場合は、次の日の食事量や内容に気をつけています。

また、1日1.5〜2リットルの水を飲むことも忘れずに。

むくみや便秘が解消されるだけでなく、食べすぎ防止にも効果的です。

献立の考え方

やせ体質の実現には、トレーニングだけでなく食事内容も大切です。
朝、昼、夜の食事と間食で気をつけたいポイントを紹介します。

素早くエネルギーになる食材を選ぶ

炭水化物や糖質はエネルギーになる即効性の高い栄養素で、トーストがおすすめです。時間がないときは、ヨーグルトや果物などの消化のよいものを選びましょう。

Doctor's POINT 乳製品や果物は消化によいため、胃腸に負担をかけずに代謝をアップさせる。また、炭水化物（糖質）と一緒にとるなら水よりも乳製品のほうがおすすめ。糖質をゆっくり吸収するため、脂肪が溜まる要因となる血糖値の上昇を抑えられる。

タンパク質を意識的に摂取する

タンパク質を多く含む食材をとると、トレーニング効果のアップが期待できます。炭水化物や緑黄色野菜、海藻などのビタミンやミネラルが豊富な栄養バランスを考えた献立にしましょう。

Doctor's POINT 良質な筋肉をつくるためには、トレーニング後のタンパク質の摂取が重要。タンパク質は皮膚や臓器、細胞などの健康維持のために、常に一定量を必要とする。

消化にいい食べ物を摂取する

夜遅くに食べる場合は、消化にいいものを食べましょう。豆腐や鶏むね肉、白身魚、きのこ類などは高タンパクなうえに低脂質なのでおすすめ。

Doctor's POINT 揚げる、炒めるといった油を使う調理より、蒸したり煮たりする調理がおすすめ。ただし、良質な油は、腹持ちをよくする効果があるので適度にとり入れよう。

間食　小腹が空いたらおやつを食べてもOK！

ダークチョコレートや干し芋、フルーツ、蜂蜜レモンやプロテインがおすすめです。ストレスを溜めないことが一番なのでお菓子もOK。個包装のものなら食べすぎを防止できます。

トレーニングコースを選ぶ

》 全身にアプローチするコース

☑ Part1・2・3の全パートをまんべんなく行う

全身を引き締めたい場合は全パートのトレーニングを行う。パートは「お腹まわり」「上半身」「下半身」で分類。1つのトレーニングは約30秒、1パートにつき5分程度で完結。1日で全パートを行ってもOK。自分に合ったトレーニングスタイルを選びましょう。

| 例1 | 継続できそうな人は、クール（10日間）ごとにパートを変える |

1クール目		2クール目		3クール目
Part **1**		*Part* **2**		*Part* **3**
お腹まわりのトレーニング	>	上半身のトレーニング	>	下半身のトレーニング
（→P.028〜047）		（→P.050〜069）		（→P.072〜091）

| 例2 | 同じ内容を続けるのがつらい人は、日ごとにパートを変える |

1日目		2日目		3日目
Part **1**		*Part* **2**		*Part* **3**
お腹まわりのトレーニング	>	上半身のトレーニング	>	下半身のトレーニング
（→P.028〜047）		（→P.050〜069）		（→P.072〜091）

各パートは通しでトレーニングをしても約5分で完結。

少し頑張りたい人は1日2パート行ってもOK！

すべてのトレーニングは、ウォームアップストレッチで筋肉をほぐしてから実行（→P.022～025）。本書では2種類のトレーニングコースを紹介しています。

≫ 部位を限定してアプローチするコース

☑ Part1・2・3から選んだパートを重点的に行う

気になる部位を限定して引き締めたい場合は、目的のパートから選んだトレーニングを重点的に行う。Part1はお腹まわりを鍛えるのに特化したコース。Part2・3では鍛えるエリアが3つに分かれている。気になる部位をチェックし、トレーニング内容を選ぼう。

☑ 各コースの特徴

Part **1**

お腹やせコース

（→P.028～047）

お腹まわりの贅肉を落とす、くびれをつくることを目的とした、腹筋トレーニングコース。とにかくお腹をスッキリさせたい人におすすめ。

Part **2**

上半身やせコース

（→P.050～069）

背中、二の腕、肩の筋肉を引き締めるコース。負荷が比較的少ないので、まずは簡単なトレーニングからはじめたい人はここからスタートしよう。

Part **3**

下半身やせコース

（→P.072～091）

お尻、太もも、ふくらはぎを引き締め、美脚を目指すコース。お腹まわりや上半身にも連動し、結果的に全身ダイエットにつながる。

例1

やせたい部位＋その周辺も
引き締めたい人は
同じパートを繰り返す

やせたい部位やエリアのほかに、その周辺も引き締めたい場合、選んだパートの全トレーニングを毎日繰り返し行おう。

例2

部分的にやせたい人は
その部位に特化した
トレーニングを繰り返す

やせたい部位やエリアが限定的な場合は、選んだパートから目的のトレーニングをピックアップし、それを毎日繰り返し行おう。

トレーニングの強度は自分のペースを考えて決める。

負荷を強める場合は少しずつ、無理は絶対にNG！

トレーニングページの見方

プロセスの説明

トレーニングの体の動かし方をステップごとに紹介。

時間と回数

トレーニングの時間と回数を紹介。回数の左側の数字はトレーニングの最低回数。

ポイントのピックアップ

体の動かし方や意識するところなど、効果を得やすくなるポイントを紹介。

トレーニング動画紹介

各トレーニングを動画でも解説。QRコードを読み取り、動きの流れを確認しよう。

#03 背中を引き締める
アームスイング

左右交互に **30**秒
（8〜12回）

腕を引っ張りながら肩甲骨を動かすことで、背中から腰にかけての筋肉も動きます。また、肩や腕にも連動します。

Step
1

あぐらをかき、頭の後ろで両手を組み、片方の肘を下げて反対側の腕を引っ張る。

腕を引っ張る方向と逆方向に力を入れて負荷をかけよう。

頭のすぐ後ろで腕を動かす。

手はしっかり組む。

背筋をしっかり伸ばす。

上体は少し前に傾ける。

ZOOM

肩甲骨が引き寄せられていることを意識する。

054

Step
2

反対側も同様に行う。Step1に戻り、繰り返し行う。

肩甲骨は開始時引き寄せたまま。

NG

猫背になり腹が前に出てしまうと、背中へのアプローチが弱くなる。背筋はしっかり伸ばし、目線は正面にする。

055

ポイント部位をクローズアップ

姿勢や動作などで細部を確認するための参考にしよう。

アプローチ部位

体の動きによってアプローチされる部位。この部分を意識してトレーニングを行うとより効果的。

動作紹介

各ステップがどのような動きをしているかの解説。

NG

ダメな動作を示したポーズ

間違えやすい動作を紹介。トレーニング効果を十分に得られず、ケガの原因になることもあるので注意しよう。

動作を別方向から見たポーズ

十分な効果を得るために、姿勢や体の動きをしっかりチェックする。主にBACK(後ろ)/SIDE(横)/FRONT(正面)の3種類がある。

+α 器具を使ったトレーニング

トレーニングの種類によっては、ステップアップとしてダンベルなどを使用することもある。ダンベルで負荷をかけることで、より効果がアップする。

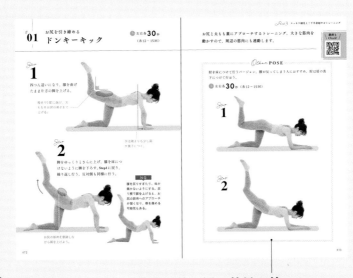

Other POSE メインの動作以外で同じ効果を持つトレーニング

習慣化するためやステップアップとして、トレーニングの種類や内容に少し変化をつけるのもおすすめ。

やせ体質をつくる トレーニング前のストレッチ

Stretch 1

太ももの裏側と股関節をほぐす

脚裏の筋肉を刺激し、股関節の可動域を広げるストレッチです。上体の力を抜き、ゆっくりと行うことでリラックス効果も得られます。

🕐 左右各 **30** 秒（各2～3回）

動画も
Check!

Step

1

床に座って膝を伸ばし、もう片方の膝は曲げ、両手を床につける。ゆっくりと上体を倒す。

Point
大きく呼吸し、
上半身の力を
しっかり抜こう！

—— 頭を下げる。

太ももの裏側が伸びて
いることを意識する。

筋肉や関節が固まった状態でトレーニングすると、効果が得られず、ケガの原因になります。まずはストレッチで体をONの状態にしましょう。

Step

2

伸ばしていたほうの脚で膝立ちをし、曲げていたほうの脚を後方に移動させながら、ゆっくりと上体を倒す。Step1に戻り、繰り返し行う。反対側も同様に行う。

上半身と膝をつないだ
ラインが一直線になる。

股関節が伸びている
ことを意識する。

手は足の横に置き、腕が
床と垂直になるように。

背中まわりの筋肉をほぐす

背中を反らして丸める動作を繰り返すことで、背中まわりの筋肉を柔らかくするストレッチです。筋肉が収縮して血行がよくなることで、全身の緊張もほぐれます。

30秒 （2～3回）

動画も
Check!

Step 1

うつぶせになって、両手を床につけ、
上体を反らしてキープ。

Point
息を大きく吸って吐いてを
繰り返しながら行おう。

首を後ろに倒しすぎない。

足の甲は床につける。

床に対して腕が垂直になる
ように手をつく。

☑ トレーニング時間がないときにも有効！

トレーニングの時間がないときは、このストレッチを行うだけでも全身のバランスを整える効果があり、お風呂上がりや寝る前にも最適です。夜遅い時間になった場合に、トレーニングの代替としてとり入れるのもよいでしょう。

Step
2

正座をし、両手を前方に伸ばしていき、背中を丸めてキープ。**Step1** に戻り、繰り返し行う。

Point
肩や首の力を抜くことを
意識すると、背中の筋肉がほぐれ、
より動かしやすくなる。

頭を下げ、首の力を抜く。

肘をしっかり伸ばす。

モチベーションの保ち方

どんなトレーニングをするにも
"気持ち"が大切。
前向きな気持ちを持続させるための
ポイントを紹介します。

1 体重を指標にしすぎない

筋肉量が増えると、体重が変わらなかったり、一時的に増えたりすることも。筋肉は基礎代謝を上げ、脂肪燃焼しやすい体質にするのに重要な要素。トレーニングの開始直後は体重をはかる頻度を減らし、1週間おき程度に。

2 定期的にボディチェック

全身を写真に残し、1〜2週間おきに写真を見返しましょう。その変化が自信につながり、次の日からのトレーニング意欲が生まれます。

3 目標はできるだけ小さく設定する

いきなり「毎日筋トレ1時間！」というような、厳しいルールを設けるとやる気がなくなることも。まずは、1日1種目とか、1日5分など実現可能な目標を立てましょう。小さい目標達成の積み重ねが自信につながります。

4 我慢は厳禁！ ルールで自分を縛りつけない

ダイエット中だから「間食しない」とか「○○を食べない」などと決めてしまうとストレスにつながります。今までしていたことをキッパリやめるのではなく、少しずつその行動を減らしていく、または代案をとり入れましょう。

5 一緒に頑張れる仲間を見つける

ダイエットしている人と、SNSなどで交流するのもはげみになります。私の場合、はじめはダイエットVLOGの発信で、モチベーションを上げていました。配信を続けるうちに、私の動画を見て一緒に頑張ってくれる方が増え、「私ももっと頑張ろう」と思えるようになりました！

Part 1

即効引き締まる！
お腹超やせ
トレーニング

#01 お腹を引き締める
クランチ

⏱ **30**秒
（8〜12回）

Step 1

仰向けになって膝を曲げ、両手を引き上げながらゆっくり上体を持ち上げる。

目線は握った手に向ける。

Point
動作を始める前から腹筋にしっかり力を入れておこう。

Step 2

上体を下ろす。Step1に戻り、繰り返し行う。

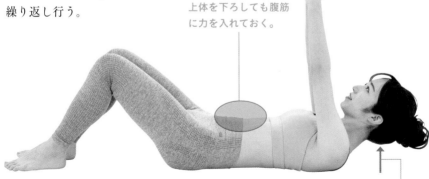

上体を下ろしても腹筋に力を入れておく。

頭は床から少し離したままキープ。

お腹の前側全体を刺激するトレーニング。大きな筋肉を鍛えることで、周辺の筋肉も動いてシェイプアップします。

＼動画も／
Check!

［ ダンベルを持ってトレーニング ］

☑ ダンベルの重さの選び方

ダンベルの重量設定を考える際に重要なのは、「安全にトレーニングを行う」ということ。最初は軽めの重量から挑戦しよう。筋力が弱い人や、トレーニングをはじめたばかりの人は、1個1.5〜3kgのダンベルを使うのがおすすめ。

☑ ダンベルトレーニングの効果

ダンベルで負荷をかけることにより、鍛えたい部位へのアプローチがより強くなる。

ダンベル（1個）を持って行うステップアップバージョン。より大きな負荷がかけられる。

🕐 **30**秒（8〜12回）

Step 1

Step 2

#02

お腹を引き締める
シザーキック

🕐 左右交互に **30**秒
（15〜20回）

Step 1

仰向けになって両肘を床につく。上体を起こし、
片方の脚をもう片方の脚の上側でクロスさせる。

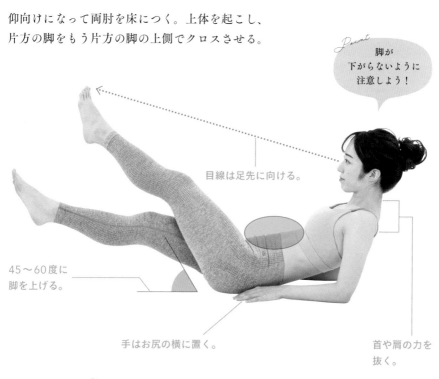

Point
脚が
下がらないように
注意しよう！

目線は足先に向ける。

45〜60度に
脚を上げる。

手はお尻の横に置く。

首や肩の力を
抜く。

BACK
脚は太ももからクロ
スさせる。

お腹の前側全体に力を入れたまま脚を動かすことで、より負荷がかかり、お腹の横側も刺激されます。

動画も
Check!

Step

2

反対の脚も同様にクロスさせる。
Step1 に戻り、繰り返し行う。

脚を入れ替えるとき
も、お腹には常に力
を入れておく。

NG

脚の高さが高すぎても低すぎても、
腹筋への効果が発揮されにくい。

#03 下腹部に効く ニーアップクランチ

🕐 **30**秒

（8〜12回）

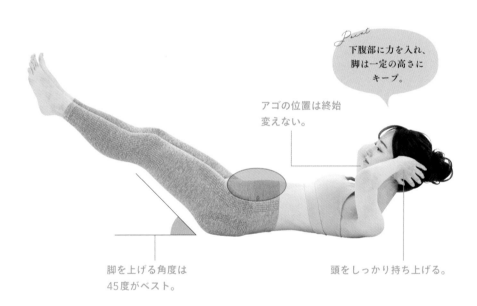

Step 1

仰向けになり、両脚を伸ばして上げる。両手を耳か頭の後ろに添え、
おへそをのぞき込むように頭を少し持ち上げる。

Point
下腹部に力を入れ、
脚は一定の高さに
キープ。

アゴの位置は終始
変えない。

脚を上げる角度は
45度がベスト。

頭をしっかり持ち上げる。

NG

背中が浮くと下腹部に力
を入れにくくなる。また
腰を痛める可能性もある
ので、背中はしっかり床
につけよう。

脚を曲げ伸ばしすることで下腹の筋肉がしっかり動き、ぽっこりお腹が解消されます。

動画も
Check!

Step

2

膝と肘を近づけるようにして上体を丸めてキープ。
Step1に戻り、繰り返し行う。

膝をぎゅっと丸め込む
ようなイメージ。

目線はへそに向ける。

Point
動作が速くなり
すぎないように一定の
リズムを保とう！

背中を丸める。

腹筋に力を入れる。

+α

Step1の状態で30秒キープするだけでもOK！
気分で使い分けよう。

🕐 30秒

#04

下腹部に効く
エアバイシクル

左右交互に **30**秒

（15〜25回）

Step
1

仰向けになって両肘を床につく。上体を起こしな
がら両脚を上げ、片方の脚を胸に引き寄せる。

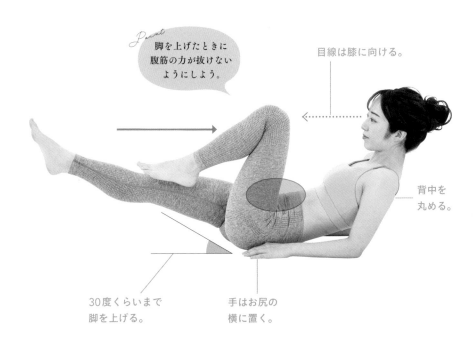

Point
脚を上げたときに
腹筋の力が抜けない
ようにしよう。

目線は膝に向ける。

背中を
丸める。

30度くらいまで
脚を上げる。

手はお尻の
横に置く。

NG

肘だけで上体を支える
と腹筋への刺激が弱
まってしまう。

自転車を漕ぐように脚を交互に動かすトレーニング。下腹部だけでなく、ヒップアップや脚のシェイプアップにも効果的です。

動画も
Check!

Step

2

引き寄せた脚を伸ばすと同時に、反対側の脚を胸に引き寄せる。Step1 に戻り、繰り返し行う。

脚を引き寄せているときに、伸ばしたほうの脚が上がり下がりしないように注意。

腹筋に力を入れ、体勢が崩れないようにする。

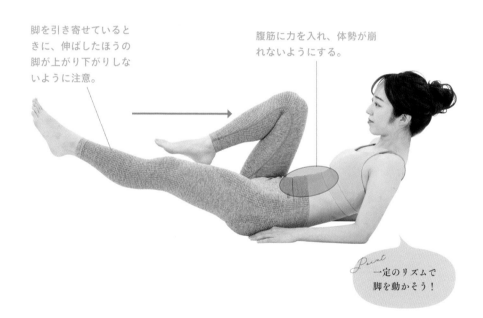

Point
一定のリズムで
脚を動かそう！

NG

伸ばしている脚が床についてしまうと、腹筋への負荷が抜けてしまう。

Step 1

仰向けになって両足を揃え、脚を持ち上げる。

両足を揃える。

腹筋にしっかり力を入れて脚を持ち上げる。

脚の高さは45〜60度になるように上げる。

腕は伸ばして手のひらを床につける。

全身の力に頼らず、下腹部を中心にお腹の前側全体に負荷をかけられるトレーニング。体幹を鍛える効果もあります。

動画も
Check!

動画も
Check!

Step 2

ゆっくりと腰を持ち上げ、キープ。
Step1に戻り、繰り返し行う。

膝は軽く曲げる。

拳2つ分くらいの
高さを意識して、
腰を床から持ち上
げる。

Point
反動をつけたり、
腕の力は使わずに、
腹筋で腰を
持ち上げよう！

NG

腰を上げすぎてしまうと、肩や
首に力が入って痛める可能性が
ある。腰を上げるときは拳2つ
分くらいの高さにとどめる。

Step 1

仰向けになって膝を立て、おへそをのぞき込むように
上体を起こし、片方の手でかかとをタッチする。

Point
手がかかとに
届かない人は
近づけるだけでも
OK！

目線はおへそを見る。

足は肩幅に開く。

脇腹の筋肉を意識しながら
かかとに手を伸ばす。

アゴを引く。

下腹とお腹の横側に大きな負荷がかかるトレーニング。リズムよく行うことで、脂肪燃焼の効果が期待できます。

動画も
Check!

Step

2

反対側の手も同じようにかかとにタッチする。
Step1 に戻り、繰り返し行う。

Point
上体は肩甲骨が
床から離れるところまで
持ち上げよう。

タッチする動作のときに脚が動かないように注意。

腰が浮かないように。

NG

首に力を入れて上体を持ち上げようとすると、頭しか持ち上がらず腹筋への効果が下がる。

くびれをつくる
プランクツイスト

左右交互に **30**秒
（15〜18回）

Step 1

うつぶせになり、肘を床についてかかとを上げ、
体を持ち上げる。

Point
肩からかかとまでの
ラインが一直線に
なるように意識！

両足はくっつける。

床に対して腕が垂直に
なる位置に肘を置く。

目線は真下に
向ける。

NG

腕の力だけで上体を支える
と、反り腰になり、太もも
が床についてしまう。上体
をしっかりキープするに
は、腹筋にしっかり力を入
れること。

腹筋に力を入れたままひねりの動作を加えることで、ウエストラインを引き締めます。

動画も Check!

2

太ももが床につかないギリギリの位置まで、
腰をひねる。

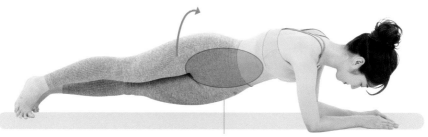

腹筋に力を入れて、全身をしっかり支える。

3

反対側も同様に腰をひねる。**Step2** と **3** を
繰り返し行う。

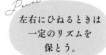

左右にひねるときは
一定のリズムを
保とう。

つま先を床に押しつける
イメージ。

床につかないギリ
ギリの位置まで。

08

腰まわりに効く
ロシアンツイスト

🕐 左右交互に **30** 秒
（12〜18回）

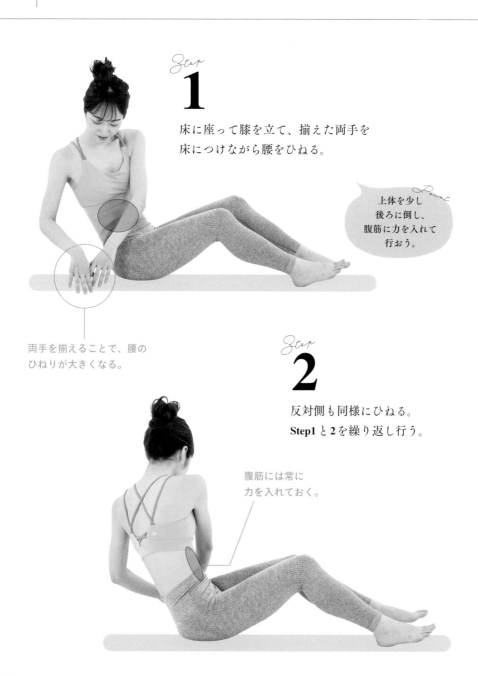

Step 1

床に座って膝を立て、揃えた両手を
床につけながら腰をひねる。

上体を少し
後ろに倒し、
腹筋に力を入れて
行おう。

両手を揃えることで、腰の
ひねりが大きくなる。

Step 2

反対側も同様にひねる。
Step1 と **2** を繰り返し行う。

腹筋には常に
力を入れておく。

お腹のたるみを解消するのに効果的なトレーニング。かかとを
上げて行えば、腹筋により大きな負荷をかけられます。

動画も
\Check!/

Other **POSE**

かかとを上げて行う上級者向けのバージョン。体勢が崩れないようにすること
で、お腹から腰にかけて、より高い効果が得られる。

🕐 左右交互に**30**秒（12〜18回）

Step
1

肘を反対側の
膝につける。

上体が前後に動かな
いようにキープ。

かかとは床から
離したまま。

Step
2

09

腰まわりに効く
ニートゥエルボー

🕐 左右各**30**秒
（各8〜10回）

仰向けになり膝を立て、片方の肘と反対側の膝を近づける。近づけた膝を伸ばしながら、足を床ギリギリまで下ろす。肘に近づけた脚を持ち上げ、反対側の手で足の甲にタッチする。脚を伸ばしたまま床ギリギリまで下ろす。この動作を繰り返し行う。

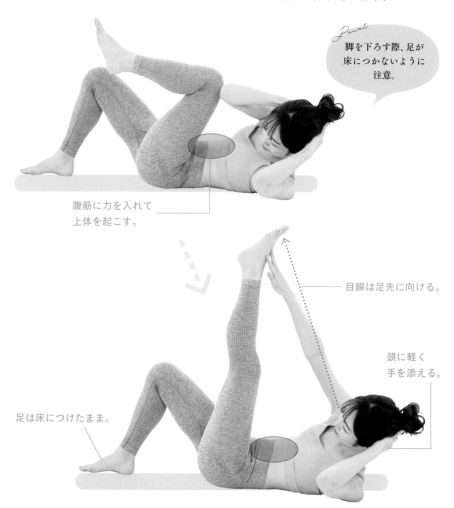

Point
脚を下ろす際、足が床につかないように注意。

腹筋に力を入れて上体を起こす。

目線は足先に向ける。

頭に軽く手を添える。

足は床につけたまま。

脇腹の筋肉を重点的に鍛えるトレーニング。二段階のひねりに
なるので、短時間でも効果抜群です。

動画も
\ Check! /

Step
2

反対側も **Step1** と同様に行う。

肘と膝はくっつかなくても OK。

脚を上げていないほうのお尻は、
床から離れないように。

手と足の甲はくっつ
かなくても OK。

腰まわりに効く
サイドレッグレイズ

🕐 左右各 **30**秒

（各10〜15回）

Step 1

横向きに寝ころがり、片方の手は頭に添え、もう片方の腕は
全体を床につける。上側の脚を少し持ち上げてキープ。

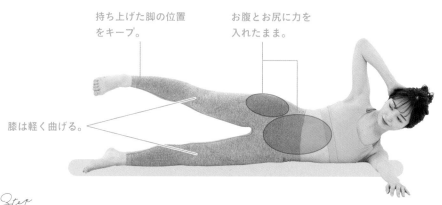

持ち上げた脚の位置
をキープ。

お腹とお尻に力を
入れたまま。

膝は軽く曲げる。

Step 2

上体を起こしながら、脚を持ち上げる。Step1に戻り、
繰り返し行う。反対側も同様に行う。

Point
上体は
斜め前に向かって
持ち上げよう。

上体は腹筋の力で持ち上げる。肘や
腕の力で持ち上げないように注意。

SIDE

脚は真上ではなく、上
体と同じように斜め前
に持ち上げることで、
ひねりが大きくなる。

腹筋、腰、お尻に同時にアプローチするトレーニング。これら
の部位に連動して周辺の部位も引き締まります。

動画も
Check!

$\mathcal{O}ther$ **POSE**

最初から上体を引き上げたまま行う初心者におすすめのバージョン。上体を引
き上げたまま行うことにより脚が上げやすくなる。

左右各 **30**秒（10～15回）

Step
1

上体を引き上げた
状態でスタート。

Step
2

Momomi's Q & A
Part 1

ダイエット VLOG を見ている
視聴者の方から寄せられた質問に
お答えします！

Q1 55kg から44kgに
なるまでの期間はどれくらい
かかりましたか？

A 約8ヵ月です。55kgから
48kgまで落とすのに5ヵ
月、48kgから44kgまでが
3ヵ月程度でした。

Q2 ストレッチや筋トレで
ダイエットをしようと
思ったきっかけは？

A 食事制限をしてはリバウンド
を繰り返すうちに、やせにく
い体質になり、それを改善し
ようと思いたどりついたの
が、今のトレーニングです。

Q3 停滞期はどのように
乗り越えていますか？

A 停滞期だと感じたら、体重計
に乗るのをやめます。現在の
ダイエット法に切り替えてか
らは、1～2週間に1回だけ、
体重をはかっています！

Q4 食べすぎたあとは、どのように
体重を元に戻していきますか？

A 食べすぎた日数×2倍の時間
をかけて戻します。食事量は
減らさず、野菜やタンパク質
を含む食材、きのこ類を多く
とるように意識しています。

Q5 Momomiさんにとっての
ダイエットのゴールはどこですか？

A 以前は、友人や家族との外食の時間を心から楽しめませんでした。今では食べ
すぎてもすぐに体重を戻せるとわかったので、思いっきり外食を楽しんでいま
す。「そのときどきを心から楽しめる自分であり続けること」が目標です。

Part 2

脂肪を撃退！
上半身超やせ
トレーニング

Step 1

あぐらをかき、両手を肩幅に
開いて腕を上げる。

Point
猫背にならないように
背筋をしっかり
伸ばそう。

腕を斜め前に
上げる。

上体は前に傾ける。

肩甲骨を引き寄せる、開くという動作を繰り返すことで、周辺
の筋肉に連動し、背中全体のシェイプアップをはかれます。

動画も
Check!

Step
2

両手を握り、肘を曲げて後方へ引いてキープ。
Step1に戻り、繰り返し行う。

SIDE

肩甲骨を引き寄せ胸をしっ
かりと張る。

Point
肩甲骨を
引き寄せたまま
キープしよう！

肩甲骨を動かす
ことを意識する。

肘を後方に引く。

1

あぐらをかき、両手を
後ろで組む。

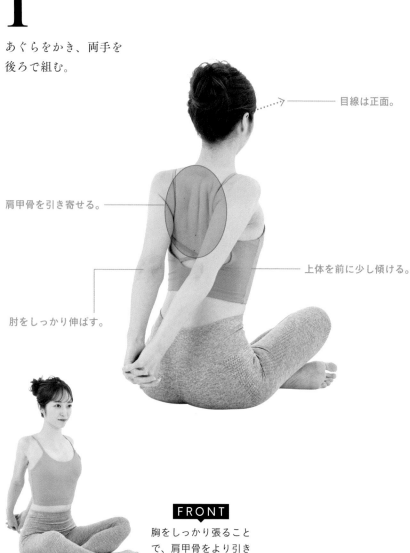

目線は正面。

肩甲骨を引き寄せる。

上体を前に少し傾ける。

肘をしっかり伸ばす。

FRONT

胸をしっかり張ること
で、肩甲骨をより引き
寄せられる。

肩甲骨を引き寄せた状態で腕を持ち上げることで、背中だけでなく、肩や腕の筋肉にもアプローチできます。

動画も
Check!

Step

2

腕を持ち上げる。**Step1** に戻り、
一定のリズムで繰り返し行う。

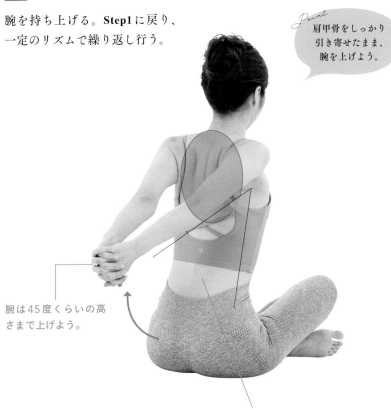

Point
肩甲骨をしっかり
引き寄せたまま、
腕を上げよう。

腕は45度くらいの高
さまで上げよう。

腰が反らないように注意。

03

背中を引き締める

アームスイング

🕐 左右交互に **30** 秒

（8〜12回）

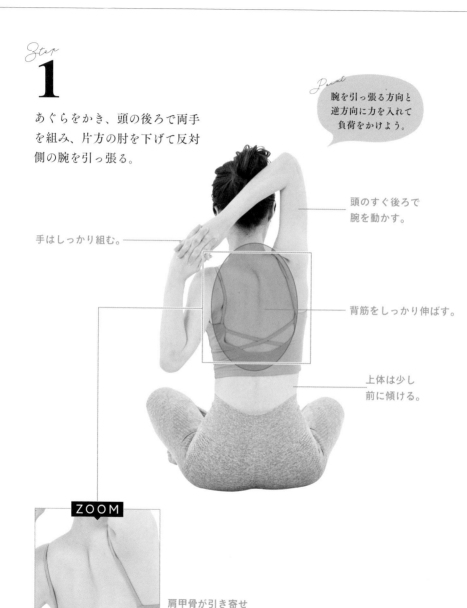

Step
1

あぐらをかき、頭の後ろで両手
を組み、片方の肘を下げて反対
側の腕を引っ張る。

Point
腕を引っ張る方向と
逆方向に力を入れて
負荷をかけよう。

頭のすぐ後ろで
腕を動かす。

手はしっかり組む。

背筋をしっかり伸ばす。

上体は少し
前に傾ける。

ZOOM

肩甲骨が引き寄せ
られていることを
意識する。

腕を引っ張りながら肩甲骨を動かすことで、背中から腰にかけての筋肉も動きます。また、肩や腕にも連動します。

\ 動画も /
\ Check!

Step
2

反対側も同様に行う。Step1 に
戻り、繰り返し行う。

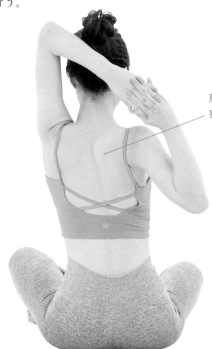

肩甲骨は終始引き
寄せたまま。

NG

猫背になり首が前に出てしまう
と、背中へのアプローチが弱く
なる。背筋はしっかり伸ばし、
目線は正面にする。

04

二の腕に効く
エアキックバック

🕐 **30**秒
（15〜20回）

Step
1

膝立ちになり、両手を後ろに
引いて肘を曲げる。

目線は斜め下に
向ける。

Point
あぐらをかいて
行ってもOK！

肘は90度に
曲げる。

首から腰のライン
は一直線になるよ
うに。

上体を少し前に倒し、
肩甲骨をしっかり引き
寄せよう。

腕の外側の筋肉を伸ばしたり、縮めたりするトレーニング。背
中の引き締めにも効果的です。

動画も
Check!

Step 2

両肘を伸ばす。**Step1**に戻り、
繰り返し行う。

肩の位置は**Step1**の位
置から動かさない。

ゆっくり腕を伸ばして
負荷を少しずつ
かけよう。

親指は内側に
くるようにする。

NG

猫背になると肩甲骨が引
き寄せられないので、肩
や腕周りの筋肉へのアプ
ローチが弱まる。また、
ぽっこりお腹の原因にも
つながるので、背筋は
しっかり伸ばそう。

05

二の腕に効く

エアプッシュアップ

🕐 **30**秒

（8〜10回）

Step 1

あぐらをかき、手首を返して両腕を
まっすぐ伸ばす。

Point
手首を返すことで
腕の外側の筋肉が
収縮する。

背筋を伸ばす。

腕は床に対してなるべ
く水平になるように伸
ばす。

腕の筋肉の伸縮運動で、二の腕はもちろん、肩から背中、胸の
筋肉など上半身全般にもアプローチします。

動画も
\Check!

2

肘を曲げて腕を後方にゆっくり引
いて、キープ。**Step1** に戻り、繰
り返し行う。

Point
胸を張りながら
腕を動かそう。

BACK

肩甲骨をしっかりと引き
寄せる。

手のひらが胸の横にく
るように腕を引く。

Step1のときよりも上
体を前傾にする。

FRONT

胸をしっかり張る。反り
腰にならないように上体
を前傾にする。

06

二の腕に効く
エアクラップ

🕐 **30**秒
（40〜55回）

Step
1

あぐらをかき、両腕を後ろに引く。

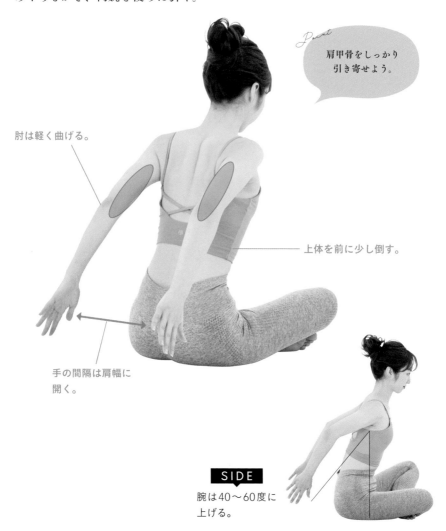

Point
肩甲骨をしっかり
引き寄せよう。

肘は軽く曲げる。

上体を前に少し倒す。

手の間隔は肩幅に
開く。

SIDE
腕は40〜60度に
上げる。

後方で拍手をすることで、肩から腕にかけてアプローチするト
レーニング。腕の外側部分の引き締めに高い効果を得られます。

動画も
Check!

2
Step

肘と手を近づける。**Step1** に戻り、
一定のリズムで繰り返し行う。

Point
肩の位置は
動かさないように！
肘から手先にかけてを
動かそう。

肩甲骨を引き寄せて
キープ。

手のひらはつかなくて
も OK。ボールを手の
ひらで押しつぶすよう
なイメージで。

NG

手のひらをつけようとして、肩
がすくみ背筋が丸くならないよ
うに注意。正しい姿勢で行わな
いと、肩を痛める可能性もある。

#07 二の腕に効く
エアプルオーバー

⏱ **30**秒

（10〜15回）

Step 1

膝立ちになり、頭の後ろで両手を
組んで、肘を持ち上げる。

FRONT

肘の位置は耳の横で固定する。

Point

あぐらをかいて
行ってもOK！

背中と腕の外側部
分を意識する。

肩甲骨を引き寄せる。

腰が反らないように上
体をやや前傾にする。

腕の外側と肩の筋肉にアプローチするトレーニング。普段使わない筋肉を動かすことでシェイプアップ効果が得られます。

動画も
Check!

Step
2 肘をゆっくり伸ばす。**Step1** に戻り、
繰り返し行う。

何かを持って引き
上げるようなイ
メージで、手に力
を入れて握る。

腕の位置は耳の横
でキープ。

骨盤を少しだけ前
に傾ける。

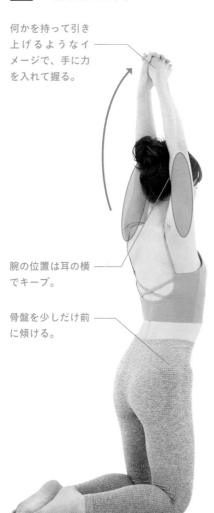

+α

ダンベル（1個）を両手で
持って行うバージョン。よ
り強い負荷がかけられる。

🕐 **30**秒（10〜15回）

Step
1

Step
2

08

肩まわりに効く
ショルダープレス

🕐 **30** 秒
（5〜7回）

Step 1

膝立ちになり、肘を曲げて二の腕が
床と平行になるように持ち上げる。

肘は90度に
曲げる。

脚は肩幅に開く。

Step 2

ゆっくりと肘と手のひらを
くっつける。

手のひらと肘をしっ
かりくっつける。

NG

背中を反りすぎると、胸
に負荷がかかるので、背
筋をまっすぐ伸ばす。

肩まわりや腕の筋肉をまんべんなく動かせるトレーニング。体幹を意識することで、上半身全体を引き締めます。

動画も
Check!

Step
3

肘と手のひらを離す。

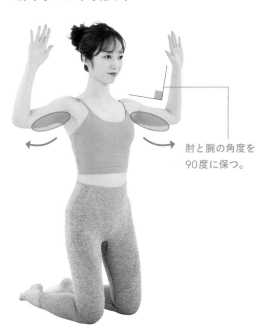

肘と腕の角度を
90度に保つ。

Step
4

肘を伸ばして手を上げる。
Step1に戻り、繰り返し行う。

肩の筋肉の収縮を
意識しよう。

09

肩まわりに効く
フロントレイズ

⏱ **30**秒
（10〜15回）

Step
1

膝立ちになり、両手を組んで腕を
前方に伸ばす。

Point
手は少し力を入れて
握り、肩にほどよく
負荷をかけよう！

肩に少し力を
入れる。

腕は床と平行にする。

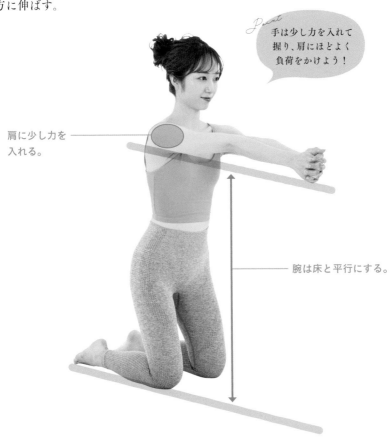

腕の外側の筋肉を収縮させた状態で、肩の筋肉を動かすトレーニング。体の軸がぶれないようにすることで、体幹も鍛えます。

動画も
Check!

Step
2

腕をゆっくり上げる。Step1 に戻り、繰り返し行う。

肘をしっかり伸ばす。

Point
引き上げる腕は体と逆方向に引っ張るように上げ下げしよう。

腕は45度まで上げる。

NG
頭の上まで腕を上げると肩への負荷が抜けてしまう。

+α

ダンベル（1個）を持って行うバージョン。より強い負荷がかけられる。

🕐 **30**秒
（10〜15回）

Step
1

Step
2

#10 肩まわりに効く
サイドレイズ

🕐 **30**秒
（6〜9回）

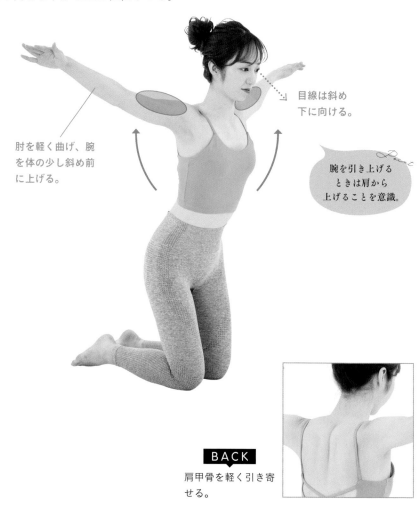

Step 1

膝立ちになり、肘を伸ばして両腕を
肩の高さより少し上に位置させる。

肘を軽く曲げ、腕
を体の少し斜め前
に上げる。

目線は斜め
下に向ける。

Point
腕を引き上げる
ときは肩から
上げることを意識。

BACK
肩甲骨を軽く引き寄
せる。

肩から背中にかけての筋肉を刺激するトレーニング。二の腕の
シェイプアップ効果もあります。

Step

2

ゆっくり腕を下ろす。**Step1**に戻り、
繰り返し行う。

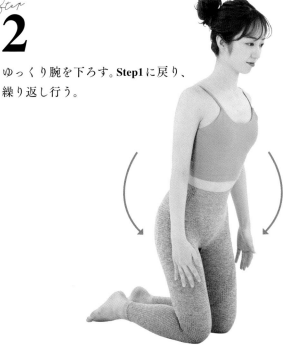

SIDE

上体は少し前に傾け
る。腕を下ろすときも
肘は軽く曲げておく。

+α

ダンベル（2個）を
持って行うバージョ
ン。より強い負荷が
かけられる。

🕐 **30**秒
（6〜9回）

Step **1**   *Step* **2**

MY DIET FAILURE STORY

私のダイエット
失敗談

失敗があったからこそ気づけた
健康的なダイエット方法。
今のルーティンが定着する前の
挫折体験を紹介します。

BEFORE ▶ **55**kg

AFTER ▶ **44**kg

食事制限ダイエットだけでは、美ボディは手に入らない！

今のダイエット法を習慣づける前は、食事制限ダイエットをしていました。大好きな甘いものをやめ、食べる量も減らし、一時的にグッと体重が落ちましたが、ストレスが溜まってモチベーションが保てず、リバウンド。そこからは、リバウンドしては食事制限をし、再び続かずリバウンドの繰り返しでした。また、幼少期から悩んでいた便秘も悪化したことから、食事内容を含めてダイエット法を見直しました。健康的に

やせるダイエット方法をいろいろ調べる中で、適度に体を動かし、食事の偏りをなくさなければいけないことに気づきました。そこで取り入れたのが筋トレ。筋トレは自宅で特別な準備をしなくても、いつでも行えます。その勝手のよさが私にマッチしました。また、トレーニングと共に食事も3食（最低でも2食）偏りなく食べることを心がけると、自然と便秘も解消していき、きれいにやせることに成功しました。

Part 3

スッキリ細見え！
下半身超やせ
トレーニング

#01

お尻を引き締める
ドンキーキック

🕐 左右各**30**秒

（各12〜15回）

Step **1**

四つん這いになり、膝を曲げ
たまま片方の脚を上げる。

膝を90度に曲げ、太
ももをお尻の高さまで
上げる。

手は肩よりも少し前
か真下につく。

Step **2**

脚をゆっくりとさらに上げ、膝を床につ
けないように脚を下ろす。Step1 に戻り、
繰り返し行う。反対側も同様に行う。

NG

腰を反りすぎたり、体が
傾かないようにする。反
り腰で脚を上げると、お
尻の筋肉へのアプローチ
が弱くなり、腰を痛める
可能性もある。

お尻の筋肉を意識しな
がら脚を上げよう。

お尻と太もも裏にアプローチするトレーニング。大きな筋肉を
動かすので、周辺の筋肉にも連動します。

動画も
Check!

Other POSE

肘を床につけて行うバージョン。腰が反ってしまう人におすすめ。肘は肩の真
下につけて行おう。

🕐 左右各**30**秒（各12〜15回）

Step **1**

Step **2**

お尻を引き締める
サイドリフト

🕐 左右各 **30** 秒

（各10〜15回）

Step 1

四つん這いになり、膝を曲げたまま
片方の脚を真横に上げる。

肩とお尻を結んだ
ラインがまっすぐに
なるようにする。

目線は下に向ける。

手は肩幅に開いて置く。

ZOOM

膝は90度に曲げる。

股関節を動かすことで、 お尻全体の筋肉に連動し、引き締め効果がアップします。腹筋も意識して鍛えましょう。

動画も
Check!

Step

2

脚を下ろす。**Step1** に戻り、一定のリズムで
繰り返し行う。反対側も同様に行う。

Point
脚をゆっくり下ろすと
より強い負荷がかかる。

骨盤が傾かない
ように注意。

下ろしたときに膝は床に
つけない。

Point
重心が
傾かないように注意。
腹筋にしっかり力を
入れておこう。

#03

お尻を引き締める
ブリッジキック

左右交互に **30**秒
（6〜9回）

Step 1

仰向けになって足を肩幅に開く。肘を伸ばして手のひらを床につけ、腰を持ち上げる。

骨盤は天井から釣り上げられるイメージで持ち上げる。上体をしっかり体幹で支える。

お尻の筋肉を意識しながら腰を持ち上げる。

腕は力を抜いておく。

かかとに重心を置く。

Step 2

片方の膝を伸ばして元に戻す。

膝をしっかり伸ばす。

腰とかかとのラインが一直線になるように。

Point
お尻の筋肉と腹筋を意識しよう。

重心がかかとから動かないようにする。

腹筋とお尻の両方を同時に鍛えるトレーニング。お尻の筋肉の
収縮を意識しながら行うのがコツです。

動画も
Check!

3

反対側の脚を伸ばす。Step1に戻り、繰り返し行う。

Point
脚を上げるのではなく、
膝から足先を伸ばすという
意識で！

NG

脚を伸ばしたときに腰が落ちる
と、お尻の筋肉への負荷が弱く
なる。お尻の筋肉と腹筋に力を
入れて上体を支えよう。

04

太ももに効く
サイドトゥタップ

🕐 左右各**30**秒

（各15〜20回）

1

横向きに寝ころがり、下側の手で頭を支え、
もう片方の手は胸の前に置く。両脚を開き、
下側の脚を少し持ち上げる。

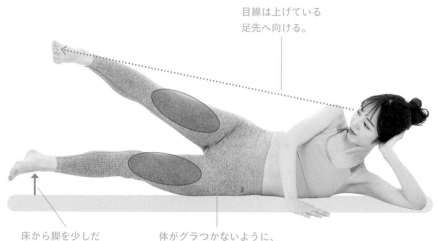

目線は上げている
足先へ向ける。

床から脚を少しだ
け浮かせたまま。

体がグラつかないように、
しっかり体幹で支える。

FRONT

上体に対して脚が前に位置
するように、体勢は「く」の
字形を意識しよう。

太もも全体にアプローチするトレーニング。常に腹筋に力が入った状態なので、お腹まわりの引き締めにも効果的。

＼ 動画も！
Check！

Step
2

下側の脚を上側の脚に引き寄せるようにゆっくり上げる。**Step1**に戻り、繰り返し行う。反対側も同様に行う。

太ももから脚を上げることを意識。

Point
上の脚は
同じ位置で
キープして！

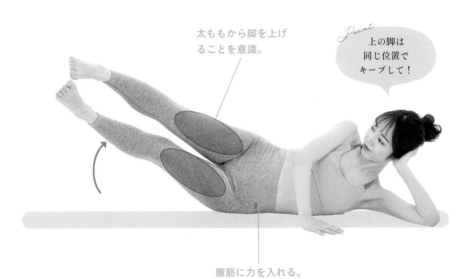

腹筋に力を入れる。

NG

腹筋にしっかり力を入れていないと持ち上げた脚が床についてしまうので注意。

#05

太ももに効く
レッグアダクション

🕐 左右各 **30** 秒
（各15〜20回）

Step
1

横向きに寝ころがり、片方の手で頭を支え、もう片方の手は胸の前に置く。上側の脚を下側の脚の前にクロスさせる。下側の脚を少し持ち上げる。

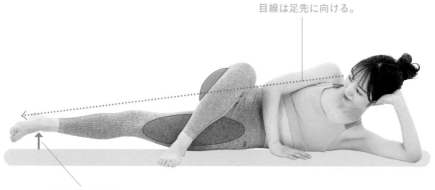

目線は足先に向ける。

脚は少しだけ浮かせたまま。

NG

下側の脚が床についてしまうと、太ももに負荷がかからない。腹筋に力を入れて、脚は少しでもいいので必ず浮かせておこう。

太ももからお尻にかけての筋肉にかなり負荷がかかるトレーニング。短期間でヒップアップさせるのにおすすめです。

動画も
Check!

Step 2

下側の脚をゆっくり上げ、床につかないように
ゆっくり下ろす。この動作を繰り返し行う。反対
側も同様に行う。

内くるぶしを持ち上
げるイメージで。

40度くらいを目安
に上げる。

Point
脚を上げたときに
体勢が崩れないように
腹筋にもしっかり力を
入れておこう。

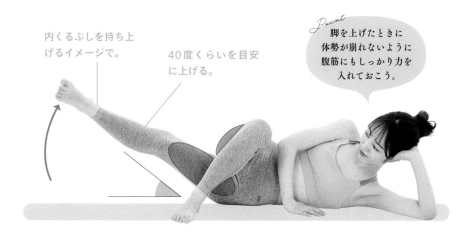

Other **POSE**

クロスさせた脚の膝を立てると脚が上げづらい場合は、クロスさせ
る脚を前に置くとやりやすくなる。

06

太ももに効く
レッグドロップ

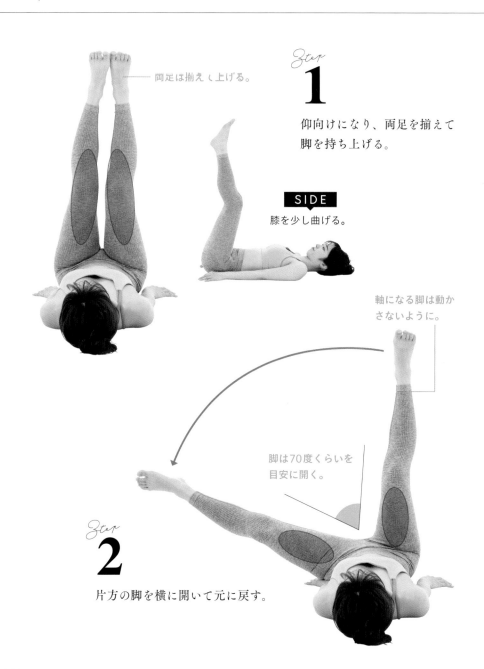

両足は揃えく上げる。

Step
1

仰向けになり、両足を揃えて
脚を持ち上げる。

SIDE

膝を少し曲げる。

軸になる脚は動か
さないように。

脚は70度くらいを
目安に開く。

Step
2

片方の脚を横に開いて元に戻す。

外ももと内ももの筋肉がまんべんなく鍛えられるトレーニング。股関節から動かすことを意識しましょう。

動画も
Check!

Step

3

反対側の脚を横に開いて元に戻す。
Step1に戻り、繰り返し行う。

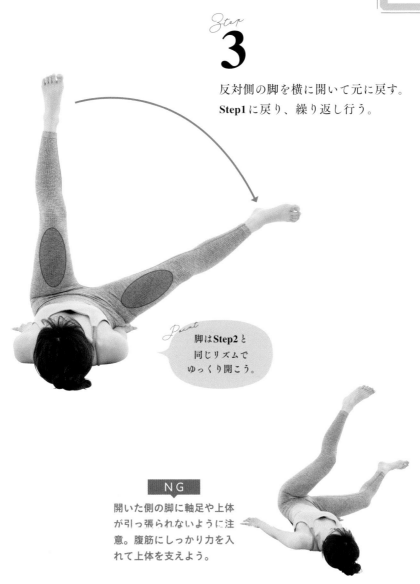

Point

脚は**Step2**と
同じリズムで
ゆっくり開こう。

NG

開いた側の脚に軸足や上体
が引っ張られないように注
意。腹筋にしっかり力を入
れて上体を支えよう。

07

太ももに効く
レッグクロス

🕐 左右交互に **30**秒
（15〜18回）

Step
1

仰向けになり、両脚を持ち上げてクロスさせる。

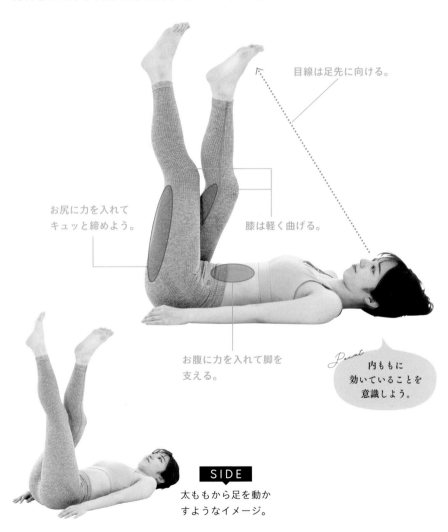

目線は足先に向ける。

お尻に力を入れて
キュッと締めよう。

膝は軽く曲げる。

お腹に力を入れて脚を
支える。

Point
内ももに
効いていることを
意識しよう。

SIDE
太ももから足を動か
すようなイメージ。

内ももを鍛えるトレーニング。太ももの筋肉バランスが整うことで美脚に近づけます。

動画も\
Check!

2

反対側の脚をクロスさせる。**Step1**に戻り、繰り返し行う。

終始、内ももに力を入れたまま動かす。

クロスさせる脚を替えたときに、腰が浮かないように注意。

Point\
一定のリズムで行おう。

#08

ふくらはぎを引き締める
カーフレイズ

🕐 **30**秒
（8～10回）

Step
1

壁に両手をつき、足を
肩幅に開いて立つ。

Point
壁から
20～25cmほど
体を離して行おう。

背筋をまっすぐ伸ばす。───

手の位置は胸の前。

足は肩幅くらいに開く。

「第二の心臓」とも呼ばれるふくらはぎを鍛えることで、脚の引き締め効果だけではなく、血流が促進されて全身が整います。

動画も
Check!

Step
2

かかとを上げる。ゆっくり**Step1**の状態に戻り、一定のリズムで繰り返し行う。

お尻をキュッと
締める。

かかとはできるだけ
高く上げる。

NG

足幅が広すぎても狭すぎても、ふくらはぎへの負荷が弱くなるので、必ず肩幅に開こう。

#09 ふくらはぎを引き締める ヒールアップ

Step 1

四つん這いになって腰を持ち上げ、片方の脚の
かかとを上げてキープし、元に戻す。

膝裏からふくらはぎが
しっかり伸びていることを
意識しよう。

伸ばしている脚の
かかとも少し浮か
せる。

目線は足先に向け、
首の力を抜く。

かかとは90度以上
しっかり上げる。

手は肩幅に開き、頭より前
に置くようにする。

NG

手の位置が床に対して垂直に
なってしまうとふくらはぎへの
アプローチが弱まるので、必ず
頭よりも前に置こう。

アキレス腱からふくらはぎにかけての筋肉を伸縮させるトレーニング。太ももにも連動しているので、脚全体が引き締まります。

動画も
Check!

Step 2

反対側のかかとを上げる。**Step1**に戻り、
一定のリズムで繰り返し行う。

上体を動かさないように腰の位置をキープ。

Point
かかとを上げる脚を替えるときは、重力に逆らうような意識で、ゆっくりと行おう。

重心が腕に乗らないように注意。

ふくらはぎを引き締める
トゥアップ

🕐 左右各 **30** 秒

（各8〜10回）

床に座って両手を太ももの横に置く。片方の脚を
伸ばし、反対側の膝を曲げる。上体を倒し、足首
とつま先を伸ばす。

頭を下げ、首の力を
抜く。

上体は前に倒す。

つま先をしっかり
伸ばす。

肘は少しだけ曲げる。

手は太ももの横に置く。

NG

上体を倒したときに、手が肩の真下
に位置するように注意。手の位置が
お尻側になると、負荷が弱まり効果
を得られない。

つま先と足首はふくらはぎに連動しています。ふくらはぎの伸縮によるシェイプアップと血流促進の両方を同時に行えます。

動画も
Check!

Step

2

伸ばしたつま先を元に戻す。**Step1**に戻り
繰り返し行う。反対側も同様に行う。

Point
ふくらはぎの収縮を
意識して、ゆっくり
つま先と足首を
曲げよう。

ふくらはぎがしっかり伸び
ていることを意識する。

ZOOM

つま先だけでなく、
足首から曲げること
を意識する。

脚トレ後のクールダウン

［ フォームローラーとは？ ］

筒状のフィットネスアイテムのことで、もともとアスリートが体のリカバリーやマッサージ、筋膜リリースなどに使用していたもの。形状がなめらかなものや、凹凸のあるものなど種類はさまざま。負荷のかかった筋肉をほぐすことで、全身のバランスを整えられる。

☑ 筋膜リリースを知ろう！

筋膜リリースとは、筋肉や血管、神経などを保護している筋膜の萎縮を解きほぐすこと。これにより、こわばった筋肉が正常な状態に戻り、運動パフォーマンスの向上にも役立つ。

☑ フォームローラーを使ったストレッチのメリット

筋肉をほぐす
ことができる

関節が
温められることで、
ケガのリスクが
軽減する

血流が促進され、
脚のむくみが
改善される

傷んだ筋肉への
栄養補給を促進し、
細胞組織の
修復を助ける

遅れてやってくる
筋肉痛を
軽減できる

脚トレ後には筋肉をほぐすことが重要です。筋膜リリースを取り入れ、
翌Hのトレーニングにベストな状態でのぞめるようにしましょう。

Stretch 1

太もも前側

走るときなどに最も使うのが、太ももの前側の筋肉。
ほぐすことで、脚の疲れやむくみが改善されるだけで
なく、関節の柔軟性もアップします。

動画も
Check!

🕐 左右各 **30** 秒（各7〜10往復）

Step

1　うつぶせになり、片方の膝を曲げ、伸ばしたほうの脚の太ももにフォー
ムローラーを当て、膝から股関節まで転がす。反対の脚も同様に行う。

膝下あたりから
スタート。

Point
体重をかけながら
ゆっくりと転がそう。

太ももの付け根
あたりまで転がす。

太もも外側と内側

太ももの外側の大腿筋膜張筋と内側の内転筋をほぐします。股関節の柔軟性を高め、可動域が広くなる効果があります。

動画も
\ Check! /

Step 1

🕐 左右各 **30**秒 （各7〜10往復）

横向きに寝ころがり、片方の肘をつき、もう片方の手は床につく。上側の脚を前に置き、下側の脚は伸ばし、フォームローラーを太ももの外側に当てて前後に転がす。反対の脚も同様に行う。

Point
ゆっくりと転がそう。

つま先を立てると刺激が弱まる。

Step 2

🕐 左右各 **30**秒 （各7〜10往復）

うつぶせになって両肘をつき、片方の脚の太ももの内側にフォームローラーを当てて左右に転がす。反対の脚も同様に行う。

太ももと床が平行になるように意識。

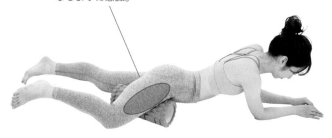

Stretch 3

ふくらはぎ全体

アキレス腱まわりの筋肉をほぐし、凝りを改善します。
血流を促進させるので、むくみや疲労回復にもつなが
ります。

動画も
Check!

Point
膝の裏までしっかり
凝りをほぐそう。

Step
1 🕐 **30**秒（7～10往復）

床に座り両手を体の後方に置き、両脚
を伸ばしてフォームローラーに乗せ、
ふくらはぎを左右に動かす。

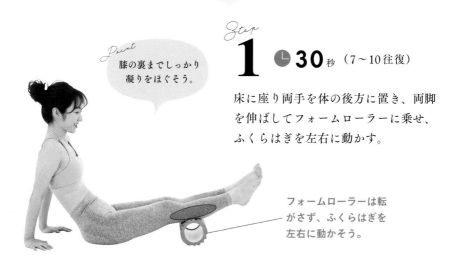

フォームローラーは転
がさず、ふくらはぎを
左右に動かそう。

Step
2 🕐 左右各**30**秒
（各7～10往復）

Step1の状態からフォームローラーに
ふくらはぎの外側を乗せ、その上に反
対の脚を乗せる。お尻を浮かせて前後
に転がす。反対側の脚も同様に行う。

Point
片方の脚を乗せる
ことにより負荷を強める
ことができる。

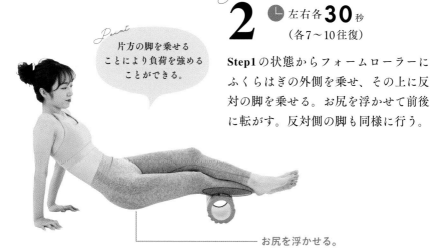

お尻を浮かせる。

Momomi流 小顔マッサージ

Step 1

Step 2

中指で耳の後ろのくぼみ
を円を描くように押す。

手の形

人差し指の第二関節を曲げ、耳の後ろの
くぼみからあご先に沿ってリンパを押
し、あご先から耳の後ろのくぼみを押し
ほぐす。この一連の動作を繰り返し行う。

Step 5

Step 6

親指の第一関節で、鎖骨
の内側と外側を押す。反
対側も同様に行う。

手の形

親指以外の4本の指で、首の付け根から
鎖骨に向けてリンパを押し流す。

動画も
Check!

顔まわりのリンパを流し、血流を促進させることで小顔に導きます。マッサージは、入浴やスキンケア後の習慣におすすめです。

Step
3

中指と薬指で、首の付け根から肩に向けて押しながらほぐしていく。

Step
4

人差し指と中指で、鎖骨に沿って押しながらほぐしていく。反対側も同様に行う。

Step
7

噛んだときに動く部分（あごの関節）を中指で押しほぐしたら、人差し指、中指、薬指で首の付け根から肩に向かってリンパを流す。この一連の動作を繰り返し行う。

Step
8

人差し指の第二関節で、鼻の側面の骨から小鼻に向けて押す。

Momomi's Q & A
Part 2

ダイエットVLOGを見ている
視聴者の方から寄せられた
食事の質問にお答えします！

Q1 1日の摂取カロリーは
どれくらいですか？

A 1200〜1400kcalくらいで
す。私の場合は、デスクワー
クで1歩も外に出ない日もあ
るので、これくらいの摂取カ
ロリーがちょうどいいかなと
思います。

Q2 ダイエット中でも
間食はしますか？

A ほぼ毎日しています。カカ
オ72％のチョコや干し芋、
蜂蜜入りのギリシャヨーグル
ト、フルーツ、手づくりのプ
ロテインクッキーやマフィン
を食べています。

Q3 ジャンクフードは
控えたほうがいいですか？

A ピザもポテトもハンバーガー
も大好きで、ピザは月2回は
食べます。市販のお菓子だと
チョコ入りのものや、クッキー
が大好き。もちろん翌日は
しっかりトレーニングします。

Q4 チートデイの頻度は
どれくらいですか？

A 週1回くらいです。週末は彼
や友だちと会うことが多いの
で、外食をしています。外食
時は、自炊するときには食べ
ないようなものを選ぶことが
多いです。

Q5 プロテインは1日何回、
どの時間帯にとるのがいいですか？

A 運動後や朝食、間食代わりに1日1回飲んでいます。タンパク質量を食事だけ
で補えない場合は、腹持ちがよい植物性のソイプロテインがおすすめです。

$Part$ **4**

食事制限なしでやせる
簡単レシピ

※本書で紹介するレシピの電子レンジはすべて600Wを使用しています。

Doctor's POINT

ダイエット中に我慢しがちな食事も、食材の組み合わせを工夫することで、満足感をキープしたうえでヘルシーなメニューにできます。炭水化物、タンパク質、脂質をバランスよく摂取することで基礎代謝量を維持でき、継続的なダイエットにつながります。

CHICKEN

鶏むね肉と
野菜で
ヘルシーに

チーズタッカルビ

材料（1人前）

鶏むね肉…150〜200g
キャベツ…3〜4枚
もやし…1/4袋
チーズ…25g
刻みネギ…適量
片栗粉…大さじ1
塩・こしょう…各少々

● 醤油　大さじ1
● コチュジャン
　…大さじ1/2〜1
● みりん…大さじ1
● 生姜チューブ
　…小さじ1/2
● ニンニクチューブ
　…小さじ1/2

作り方

1 鶏むね肉に片栗粉と塩・こしょうを揉み込み、キャベツともやし、●をすべて耐熱容器に入れ、混ぜ合わせる。

2 耐熱容器に軽くラップをし、電子レンジで4分加熱。全体を混ぜ、ラップをして電子レンジで3分加熱。チーズを加えて、再びラップをし、電子レンジで2分加熱。

3 2を器に盛り、刻みネギを添える。

ささみアボカドユッケ

材料（1人前）

ささみ…85g
アボカド…1/2個
卵黄…1個
酒…大さじ1

● 醤油…大さじ1
● コチュジャン…小さじ2
● ごま油…小さじ2
● みりん…小さじ2
● ニンニクチューブ
　…小さじ1/2
● ラー油…小さじ1/3

タンパク質と
良質な脂質が
一緒にとれる

作り方

1 ささみと酒を耐熱容器に入れ、軽くラップをし、電子レンジで1分30秒加熱。ささみを裏返してラップをし、さらに電子レンジで1分30秒加熱。

2 1を取り出して、氷水（材料外）を入れたボウルにつける。

3 アボカドを角切りにし、2と●を別のボウルに入れて混ぜ合わせる。器に盛り、卵黄をのせる。

豆腐を
入れることで
満足感をUP！

ロールキャベツ

材料（1人前）

鶏ひき肉…80g
木綿豆腐…80〜100g
キャベツ…3〜4枚
片栗粉…大さじ1
乾燥パセリ…少々

● トマト缶…100g
● 水…150ml
● ケチャップ
　…大さじ2
● コンソメ…小さじ2
● 塩・こしょう
　…各少々

作り方

1　水切りした木綿豆腐と、鶏ひき肉、片栗粉をボウルに入れ、よくこねる。

2　キャベツの葉を耐熱容器に入れ、軽くラップをして電子レンジで3分加熱する。

3　キャベツの大きさに合わせて1を丸め、2で巻く。

4　3と●を耐熱容器に入れ、軽くラップをし、電子レンジで10〜12分加熱。器に盛り、乾燥パセリを散らす。

鶏むね肉ネギポン

材料（1人前）

鶏むね肉…200g
塩・こしょう…各少々
酒…大さじ1
白ネギ（みじん切り）
　…5cm

● ポン酢…50ml
● ごま油…大さじ1

カロリーを抑えて
タンパク質が
しっかりとれる

作り方

1　フォークで穴をあけた鶏むね肉を耐熱容器に入れ、塩・こしょうをし、酒をかける。軽くラップをし、電子レンジで3分加熱する。

2　1を裏返し、電子レンジで4分加熱する。耐熱容器を取り出し、しっかりとラップをし、1分置く。

3　器に2を盛り、白ネギ（みじん切り）をのせ、混ぜ合わせた●をかける。

油カットで
ヘルシーな
仕上がりに！

揚げないヤンニョムチキン

材料（1人前）

鶏むね肉
　…150〜200g
レタス…適量
片栗粉…大さじ1
サラダ油…大さじ1

● コチュジャン
　…大さじ1
● ケチャップ…大さじ1
● ニンニクチューブ
　…小さじ1/2
● 醤油…大さじ1/2
● みりん…大さじ1/2

作り方

1　鶏むね肉をひと口サイズに切り、片栗粉をまぶす。

2　フライパンにサラダ油を引き、中火で**1**を焼く。肉に火が通ったら弱火にし、●を入れて全体によく絡ませる。

3　器に**2**を盛り、ちぎったレタスを添える。

和風麻婆豆腐

材料（1人前）

鶏ひき肉…80g
木綿豆腐…150g
ごま油…適量
● 水…120ml
● 醤油…大さじ1.5
● 酒…大さじ1
● みりん…大さじ1

● 顆粒だし…小さじ1
● 生姜チューブ
　…小さじ1
片栗粉…大さじ1/2
刻みネギ…適量
ラー油…適量
ごはん…150g

鶏ひき肉と大豆の
高タンパク食材を
組み合わせる！

作り方

1　フライパンにごま油を引き、鶏ひき肉を炒める。火が通ったら●を加える。

2　●が煮立ったら、角切りにした木綿豆腐を入れ、中火で5分煮込む。火を止めて水溶き片栗粉を入れてとろみがつくまで混ぜる。

3　器にごはんを盛り、**2**をのせる。刻みネギを添えてラー油をかける。

鶏団子の甘酢あんかけ

電子レンジで
ノンオイル
簡単調理

材料（1人前）

鶏ひき肉…80g
木綿豆腐…80〜100g
片栗粉…大さじ1
玉ねぎ…1/4個
にんじん…1/3本
パプリカ…1/6個

● 砂糖…大さじ1/2
● 醤油…大さじ2
● みりん…大さじ2
● ケチャップ
　…大さじ2
● 酢…大さじ3
● 片栗粉…小さじ2

作り方

1　玉ねぎ、にんじん、パプリカを細切りにする。

2　水切りした木綿豆腐と、鶏ひき肉、片栗粉をボウルに入れてよくこね、ひと口サイズに丸める。

3　耐熱容器に**1→2**の順番でのせて、混ぜ合わせた●をかけ、軽くラップをし、電子レンジで4分加熱。よく混ぜてさらに4分加熱し、器に盛る。

そぼろ丼

適度な炭水化物
摂取は脂肪燃焼に
効果的！

材料（1人前）

● 鶏ひき肉…80g
● 醤油…小さじ1
● 酒…小さじ1
● みりん…小さじ1
● 生姜チューブ
　…小さじ1

◆ 卵…1個
◆ 顆粒だし…小さじ1/3
◆ 醤油…小さじ1/2〜1
◆ 酒…小さじ1
ごはん…150g

作り方

1　●を耐熱容器に入れ、軽くラップをし、電子レンジで2分30秒加熱。ポロポロになるまでフォークでほぐす。

2　◆を混ぜ合わせて耐熱容器に入れ、軽くラップをし、電子レンジで1分30秒加熱。ポロポロになるまでフォークでほぐす。

3　器にごはんを盛り、**1**と**2**をのせる。

PORK

豚肉と野菜の
相乗効果で
免疫力UP！

豚肉白菜のレンジ蒸し

材料（1人前）

豚こま肉…150g
白菜…100g
玉ねぎ…1/4個
しめじ…30〜40g
● 酒…大さじ1
● 塩・こしょう…各少々
● ごま油…小さじ1

ポン酢…適量
刻みネギ…適量

作り方

1 白菜と玉ねぎを2cm幅に切る。しめじを食べやすい大きさにほぐす。

2 豚こま肉を2cm幅に切る。●を混ぜ合わせる。

3 耐熱容器に1→2→●の順に入れ、電子レンジで6分加熱。器に盛り、ポン酢をかけ刻みネギをちらす。

レタスしゅうまい

材料（1人前）

玉ねぎ…1/4個
レタス…3枚
● はんぺん…1/2枚
● 豚ひき肉…80g
● 片栗粉…大さじ1
● 鶏ガラスープ
　…小さじ1/3
● 醤油…大さじ1/2
● ごま油…小さじ1
● 酒…大さじ1/2
● 生姜チューブ
　…小さじ1/2
水…大さじ1

低カロリーな
食材だけでも
ボリューム感◎

作り方

1 みじん切りにした玉ねぎと●をボウル、またはポリ袋に入れ、よく混ぜ合わせる。

2 レタスを耐熱容器に入れ、軽くラップをし、電子レンジで1分30秒加熱。

3 1をひと口サイズに丸めて2で包み、耐熱容器にならべ、水を入れて軽くラップをし、電子レンジで6分加熱し、器に盛る。

卵を入れると
よりマイルドな
味わいに！

キムチチゲ

材料（1人前）

豚こま肉…100g
玉ねぎ…1/4個
木綿豆腐…150g
キムチ…80g

● 水…100ml
● 鶏ガラスープ…小さじ1
● 醤油…小さじ1
● コチュジャン…小さじ1
刻みネギ…適量

作り方

1　豚こま肉、玉ねぎを2cm幅に切る。木綿豆腐は2cm角に切る。●を混ぜ合わせておく。

2　1とキムチを耐熱容器に入れ、軽くラップをし、電子レンジで6分加熱する。

3　電子レンジから取り出して軽く混ぜ、器に盛り、刻みネギをちらす。

ガパオライス

米を豆腐に
置き換えると
よりヘルシーに

材料（1人前）

豚ひき肉…80g
玉ねぎ…1/4個
パプリカ…1/6個
バジル…3枚
● ウスターソース
　…大さじ1/2
● 鶏ガラスープ
　…小さじ1/2

● 醤油…小さじ1
● 生姜チューブ
　…小さじ1
● ニンニクチューブ
　…小さじ1
卵…1個
油…大さじ1
ごはん…150g

作り方

1　玉ねぎをみじん切りにし、パプリカを1cm角に切る。●を混ぜ合わせておく。

2　豚ひき肉と1、バジルを耐熱容器に入れ、電子レンジで3分加熱。ざっくりと混ぜ、再び電子レンジで2分加熱する。

3　フライパンに油を引き、目玉焼きをつくる。器にごはんを盛り、2→目玉焼きの順にのせる。

BEEF

エネルギー量
豊富な
低糖質おかず

牛肉豆腐

材料（1人前）

牛バラ肉…80〜100g
木綿豆腐…20〜25g
白ネギ…3cm

- ●醤油…大さじ2
- ●みりん…大さじ2
- ●酒…大さじ2
- ●顆粒だし…小さじ1
- ●生姜チューブ
　…小さじ1/2
刻みネギ…適量

作り方

1　牛バラ肉を2cm幅に、木綿豆腐は半分に切る。白ネギは斜め切りにする。
2　1と●を耐熱容器に入れ、軽くラップをし、電子レンジで4分加熱。ざっくり混ぜて軽くラップをし、さらに電子レンジで2分加熱。加熱後、ラップをしたまま2分置く。
3　器に2を盛り、刻みネギをちらす。

ハッシュドビーフ

牛肉はしっかり
味が出るので
少量でもOK

材料（1人前）

牛薄切り肉…150g
マッシュルーム…3個
玉ねぎ…1/4個
- ●トマト缶…100g
- ●ケチャップ
　…大さじ1.5
- ●ウスターソース
　…大さじ1
- ●コンソメ…小さじ1
- ●醤油…小さじ1/2
- ●塩・こしょう
　…各少々
片栗粉…小さじ1/2
水…小さじ1
乾燥パセリ…適量

作り方

1　牛薄切り肉は2cm幅に、マッシュルームと玉ねぎは薄切りにする。
2　耐熱容器に1と●を入れ、軽くラップをし、電子レンジで5分加熱。水溶き片栗粉を加え、電子レンジで1分加熱する。
3　器に2を盛り、乾燥パセリを振りかける。

食欲のないときや
食べすぎた翌日
におすすめ

牛肉の薬膳風スープ

材料（1人前）

牛バラ肉
　…80〜100g
小松菜…1株
木綿豆腐…150g
ごま油…大さじ1

- 水…300ml
- 酒…大さじ1/2
- 鶏ガラスープ…小さじ1
- 生姜チューブ…小さじ1
- ニンニクチューブ
　…小さじ1

作り方

1　小松菜は4cm幅に、木綿豆腐は1cm幅に切る。

2　鍋にごま油を引き、牛バラ肉を炒める。肉に軽く火が通ったら●を加える。

3　沸騰したら1を加え、中火で1分ほど煮込み、器に盛る。

キーマカレー

スパイスで
血流を促進し、
代謝UP！

材料（1人前）

牛ひき肉…80g
玉ねぎ…1/4個
にんじん…1/4本
- トマト缶…100g
- カレー粉…大さじ1
- ウスターソース
　…小さじ1
- コンソメ…小さじ1

- ニンニクチューブ
　…小さじ1/3
- 生姜チューブ
　…小さじ1/3
- 塩…少々
ごはん…150g
卵黄…1個
乾燥パセリ…適量

作り方

1　みじん切りにした玉ねぎとにんじん、牛ひき肉、●を耐熱容器に入れ、軽くラップをし、電子レンジで3分加熱する。

2　電子レンジから取り出してざっくりと混ぜ、軽くラップをし、電子レンジでさらに4分加熱。加熱後、ラップをしたまま2分置く。

3　器にごはんを盛り、2をのせる。真ん中に卵黄をおとし、乾燥パセリをふりかける。

FISH

鮭の良質な
脂と野菜が
一緒にとれて◎

鮭のホイル焼き

材料（1人前）

鮭…1切　　　　　●酒…小さじ2
玉ねぎ…1/4個　　●味噌…小さじ1
えのきだけ…適量　●醤油…小さじ1
しめじ…適量　　　●ごま油…小さじ1
　　　　　　　　　刻みネギ…適量

作り方

1　玉ねぎは薄切りにし、えのきだけを4cm幅に切る。しめじは食べやすい大きさに分ける。

2　1→鮭の順でアルミホイルにのせ、混ぜ合わせた●をかける。アルミホイルを包んで、トースター500Wで15〜20分焼く。

3　アルミホイルごと器に移し、ホイルを開いて刻みネギをのせる。

マグロサーモンユッケ丼

タンパク質と
ミネラルが豊富で
美肌効果も！

材料（1人前）

サーモン…60〜80g　　●醤油…大さじ1
マグロ…60〜80g　　　●ごま油…小さじ2
アボカド…1/4個　　　　●みりん…小さじ2
卵黄…1個　　　　　　　●コチュジャン
　　　　　　　　　　　　　…小さじ1
　　　　　　　　　　　　●ニンニクチューブ
　　　　　　　　　　　　　…小さじ1
　　　　　　　　　　　　ごはん…150g

作り方

1　2cm角に切ったサーモンとマグロ、混ぜ合わせた●をボウルに入れて和える。

2　アボカドを2cm角に切る。

3　器にごはんを盛り、1と2をのせる。真ん中にくぼみをつくり卵黄をおとす。

低脂質の豆乳で仕立てた胃腸にやさしい一皿

鮭のクリーム煮

材料（1人前）

鮭…1切
玉ねぎ…1/4個
しめじ…50g

● 豆乳…100ml
● 水…50ml
● コンソメ…小さじ1
塩・こしょう…各少々

作り方

1　玉ねぎを薄切りにし、耐熱容器に入れて軽くラップをし、電子レンジで2分加熱。

2　鍋に●を入れ、煮立たせる。鮭と1、ほぐしたしめじを加え、火が通るまで煮込みながら、鮭をほぐす。

3　塩・こしょうで味を整え、器に盛る。

えび団子のスープ

低カロリー高タンパクなヘルシースープ

材料（1人前）

えび…5〜7尾
木綿豆腐…40〜50g
● はんぺん…1/2枚
● 片栗粉…大さじ1
● 醤油…小さじ1
白菜…1枚
にんじん…3cm
長ネギ…3cm

♦ 水…400ml
♦ 鶏ガラスープ
　…小さじ2
♦ 醤油…小さじ1
♦ ごま油…小さじ1
♦ 生姜チューブ
　…小さじ1

作り方

1　みじん切りにしたえびと、水切りした木綿豆腐と●をボウルに入れてよくこねる。

2　白菜とにんじんを1cm幅の短冊切りにする。長ネギは斜め薄切りにする。

3　♦を鍋に入れて沸騰させ、1をスプーンで一口サイズに丸めて入れる。2を加え、火が通るまで煮込み、器に盛る。

SOY

> 豆腐＆キムチで
> 胃腸の働きを
> 活性化！

豆腐チヂミ

材料（1人前）

絹ごし豆腐
　…150g
ニラ…2本
にんじん…4cm
キムチ…20g
● 卵…1個
● 片栗粉…大さじ4

● 醤油…小さじ1
● 鶏ガラスープ
　…小さじ1
◆ 醤油…大さじ1
◆ 酢…大さじ1
◆ ラー油…小さじ1/2
ごま油…大さじ1

作り方

1　3cmの長さに切ったニラと、短冊切りにしたにんじん、絹ごし豆腐、キムチ、●をボウルに入れ、ざっくり混ぜ合わせる。

2　フライパンにごま油を引き、1を入れて中火で焦げ目がつくまで焼く。ひっくり返し、弱火で5分焼く。◆を小皿に入れ混ぜ合わせる。

3　2を切り分けて器に盛り、◆が入った小皿を端に添える。

きのこの和風豆乳スープ

> きのこの
> 食物繊維で
> 便秘解消

材料（1人前）

しめじ・まいたけ
　…各50g
豆乳…150ml
水…150ml

● 味噌…小さじ2
● 顆粒だし…小さじ1
● 生姜チューブ
　…小さじ1/2
こしょう…適量

作り方

1　しめじ、まいたけを食べやすい大きさに分ける。

2　鍋に豆乳と水を入れ、沸騰したら弱火にして●と1を入れてしめじとまいたけがしんなりするまで煮込む。

3　器に盛り、こしょうをふる。

ホワイトソースを
豆腐に置き換えて
カロリーカット

豆腐グラタン

材料（1人前）

木綿豆腐…200g
●味噌…小さじ1.5
●コンソメ…小さじ1.5
●こしょう…少々
鶏むね肉…35〜50g
玉ねぎ…1/4個
ほうれん草…1株

しめじ…30g
油…大さじ1
豆乳…200ml
片栗粉…大さじ1
水…大さじ1
チーズ…20g

作り方

1　鶏むね肉を2cm角に切り、玉ねぎは薄切りにする。

2　鍋に油を引き、中火で**1**を炒め、火が通ったら弱火にして豆乳を加えて煮込む。

3　木綿豆腐を水切りしてボウルに移し、●を加えて泡立て器で混ぜ合わせる。

4　**2**に2cm幅にカットしたほうれん草と、食べやすい大きさに分けたしめじ、**3**を加える。水溶き片栗粉を加えて混ぜ、耐熱皿に移し、チーズをのせてトースター700Wで8分焼く。

豆腐キムチチャーハン

米を豆腐に
置き換えて
満腹感UP！

材料（1人前）

木綿豆腐
　…80〜100g
豚バラ肉
　…80〜85g
キムチ…80g

●鶏ガラスープ
　…小さじ1
●醤油…小さじ1
●コチュジャン
　…小さじ1
刻みネギ…適量

作り方

1　豚バラ肉を2cm幅に切る。

2　木綿豆腐をキッチンペーパーに包み、電子レンジで3分30秒加熱。フライパンを熱し、水切りした木綿豆腐をポロポロになるまでくずしながら炒める。

3　**2**を皿に移し、**1**とキムチを炒め、肉に火が通ったら皿に移した**2**を加えて炒める。さらに●を加えて炒め、全体になじんだら器に盛り、刻みネギをのせる。

VEGETABLE & FRUIT

野菜たっぷりで
ビタミンを
補うのにおすすめ

ラタトゥイユ

材料（1人前）

なす…1/2本
パプリカ…1/2個
玉ねぎ…1/4個
ズッキーニ…1/4本

● トマト缶…100g
● 顆粒コンソメ
　…小さじ1
● 醤油…小さじ1/2
● 塩・こしょう…各少々
● オリーブオイル
　…小さじ1
乾燥パセリ…適量

作り方

1　なすとパプリカ、玉ねぎ、ズッキーニを1cm角に切る。これと●を耐熱容器に入れ、軽くラップをし、電子レンジで4分加熱する。

2　1をかき混ぜて軽くラップをし、さらに電子レンジで3分加熱。

3　器に盛り、乾燥パセリをふりかける。

長芋グラタン

材料（1人前）

長芋…120g
卵…1個
味噌…大さじ1
玉ねぎ…1/4個

えび…5〜7尾
油…大さじ1
塩・こしょう…適量
チーズ…20g

五大栄養素が
バランスよく
つまった一品

作り方

1　玉ねぎを薄切りにする。

2　フライパンに油を引き、えびと1を塩・こしょうして炒める。

3　長芋の皮をむき、ボウルにすりおろす。卵は白身と卵黄に分け、すりおろした長芋に味噌と白身を入れて混ぜる。

4　2を耐熱皿に移して3をかけ、真ん中にくぼみをつくり、卵黄とチーズをのせてトースター700Wで8分焼く。

完熟バナナで
しっかりとした
自然の甘さに

グリーンスムージー

材料（1人前）

小松菜⋯1株
りんご⋯1/4個
バナナ⋯1本
アボカド⋯1/2個
豆乳⋯100ml
ヨーグルト⋯50g

作り方

1　小松菜は2cm幅に、りんご、バナナ、アボカドは2cm角に切る。

2　小松菜→りんご→バナナ→アボカド→ヨーグルト→豆乳の順にミキサーに入れる。

3　滑らかになるまで撹拌し、コップに注ぐ。

Momomi流

［ スムージーおすすめ食材 ］

※すべてのスムージーには、豆乳（100ml）とヨーグルト（50g）を加えてください。

**ストロベリー
スムージー**

いちご⋯3個
バナナ⋯1/2〜1本
りんご⋯1/4個

**ブルーベリー
スムージー**

ブルーベリー⋯50g
バナナ⋯1/2〜1本
りんご⋯1/4個

**マンゴー
スムージー**

冷凍マンゴー⋯50g
バナナ⋯1/2〜1本
りんご⋯1/4個

**パイナップル
スムージー**

パイナップル⋯50g
バナナ⋯1/2〜1本
りんご⋯1/4個
ゴールドキウイ⋯1/2個

OATMEAL

食物繊維が
豊富な濃厚
オートミール

きのこリゾット

材料（1人前）

マッシュルーム…1個
しめじ…30g
オートミール…30g
水…80ml
顆粒コンソメ
　…小さじ2/3

豆乳…100ml
チーズ…20g
塩・こしょう…各少々

作り方

1　耐熱容器にオートミール、水、顆粒コンソメを入れて混ぜ合わせ、電子レンジで1分30秒加熱する。

2　マッシュルームを薄切りにし、しめじは食べやすい大きさに分ける。

3　1に2と豆乳を加えて混ぜ合わせ、軽くラップをし、電子レンジで2分30秒加熱。塩・こしょうで味を整え、チーズを入れて混ぜ、器に盛る。

トマトクリームリゾット

美肌効果と
むくみ予防に
最適な一品

材料（1人前）

● オートミール…30g
● 水…80ml
● 顆粒コンソメ
　…小さじ1
しめじ…30g
玉ねぎ…1/4個

◆ トマト缶…
　80〜100g
◆ 豆乳…40ml
チーズ…20g
塩・こしょう…各少々
乾燥パセリ…適量

作り方

1　玉ねぎは薄切りにし、しめじは食べやすい大きさに分ける。

2　1を耐熱容器に入れて軽くラップし、電子レンジで2分加熱。●と◆を加えて混ぜて軽くラップをし、さらに電子レンジで2分加熱する。

3　塩・こしょうで味を整え、チーズを入れて混ぜ、器に盛り、乾燥パセリをふる。

タンパク質と
食物繊維が
豊富な一杯

参鶏湯風オートミール

材料（1人前）

オートミール…30g
ささみ…85g
水…200ml
● 酒…大さじ1
● 鶏ガラスープ
　…小さじ1/2
● 生姜チューブ
　…小さじ1/2

● ニンニクチューブ
　…小さじ1/2
● こしょう…少々
刻みネギ…適量
ラー油…適量

作り方

1 ささみと水を耐熱容器に入れ、軽くラップをし、電子レンジで2分加熱する。

2 1を取り出してひと口サイズに割き、耐熱容器に戻し入れ、オートミールと●を加え、軽く
　ラップをし、電子レンジで2分30秒加熱する。

3 器に盛り、刻みネギをのせ、ラー油をかける。

オートミールオムライス

エネルギー量を
キープしながら
糖質コントロール

材料（1人前）

オートミール…30g
水…80ml
ケチャップ…大さじ1
　（トッピング用…適量）
ソーセージ…2本
卵…1個

作り方

1 オートミールと水を耐熱容器（皿）に入れ、電子レンジで1分加熱する。

2 1にケチャップを大さじ1加えて混ぜ合わせ、ソーセージを入れて軽くラップをし、電子レ
　ンジで2分加熱する。

3 2に溶いた卵を入れ、軽くラップをし、電子レンジで2分加熱。トッピング用にケチャップ
　を適量かける。

SNACK

レモン汁を
加えるとさっぱり
とした味わいに

バナナアイス

材料（1人前）

バナナ…2本
絹ごし豆腐…150g
メープルシロップ（または蜂蜜）…大さじ2
ペパーミント…1枚

作り方

1 バナナを2cm幅に切る。

2 1と絹ごし豆腐、メープルシロップ（または蜂蜜）をミキサーで滑らかになるまで撹拌する。

3 2をタッパーに移し、冷凍庫に2時間入れて冷やす。器に盛り、ペパーミントをのせる。

オートミールグラノーラ

食物繊維と
ヨーグルトで
腸内環境を改善

材料（1人前）

オートミール…100g
メープルシロップ…大さじ2
オリーブオイル（ココナッツオイル）…大さじ2
シナモンパウダー…少々
ドライフルーツ…適量
ヨーグルト…お好みで

作り方

1 フライパンでオートミールを5分ぐらい炒り、皿に移す。

2 フライパンにオリーブオイルとメープルシロップ、シナモンパウダーを入れて弱火にかけ、煮立たせ、1を加え、焼き色がつくまで15分混ぜ合わせる。

3 火を消して冷まし、固まったら好みの大きさに砕いたドライフルーツを混ぜる。ヨーグルトと一緒に。

多く焼いた
ときは冷凍保存
してもOK

オートミールパンケーキ

材料（1人前）

バナナ……1本
● オートミール……60g
● 豆乳……150ml
● 卵……1個
● ベーキングパウダー
　……小さじ1

油……大さじ1
ブルーベリー……適量
いちご……3個
ヨーグルト……大さじ1
メープルシロップ
　（または蜂蜜）……適量

作り方

1　バナナをボウルに入れてフォークで潰し、●を加えて混ぜる。

2　フライパンに油を引き、**1**を数枚焼く。

3　いちごを1/4に切る。器に**2**を盛って、ヨーグルトとメープルシロップ（または蜂蜜）をかけ、いちごとブルーベリーを添える。

プロテインマフィン

間食におすすめ！
タンパク質豊富な
ヘルシースイーツ

材料（1人前）

バナナ……1本
● オートミール……30g
● プロテイン……30g
● おからパウダー
　……大さじ2

● ベーキングパウダー
　……小さじ1
● ヨーグルト……100g
● 卵……1個
ブルーベリー……適量

作り方

1　バナナをボウルに入れ、フォークで潰す。

2　**1**に●を加えて混ぜる。

3　型に**1**を流し込み、ブルーベリーをのせ、180度に設定したオーブンで25分焼く。

Momomi
Interview

今の私が
できるまで

価値観の変化は姿だけでなく
生き方にも影響がありました。
ダイエットに悩んでいたころの心境や
将来の展望を
赤裸々に語ります。

― なぜ、YouTuberになろうと
思ったのですか？

M 世界と日本をつなげる仕事がしたいと
漠然と考えていたときに、小さいころ
からなにかをつくることが好きだった
ことを思い出しました。そんなときに
世界中の人に見てもらえる可能性があ
るYouTubeに魅力を感じ、動画編集に
興味があったこともあり、動画を投稿
してみました。最初は日常を配信する
コンテンツでしたが、あるときからダ
イエットVLOGを出しはじめました。
当初は自分のモチベーションを保つの
が目的だったのですが、次第に私の動
画で一緒に頑張ってくださる方が増え
てきて、温かい応援のメッセージをた
くさんいただいたことで、視聴者の方
によりよい情報を届けたいと思うよう
になりました。

― トレーニングや食事の知識は
どうやって学びましたか？

M 本や動画で学んだことを実践し、自分
の体で効果を試しています。そして、
学びをアウトプットする場として、
YouTube、InstagramなどのSNSを
活用しています。料理については、小
学生のころから家族のごはんをつくっ
たりしていたので身近な存在でした。
栄養学にも興味があり、本などを参考
にして独学で学びました。もちろん勉
強することはまだたくさんあるので、
ダイエットの観点から食生活のあり方

について知識を深めていきたいと思っ
ています。

― 幼少期から食べることは
好きだったのですか？
また、どんな性格の子どもでしたか？

M 今もですが、元々偏食で、一度ハマっ
たらずっと同じものを食べていまし
た。幼少期はカレーが好きすぎて1週
間に3回は食べるくらい。性格は人見
知りで、特に人前に出てなにかをする
ことや話すことが一番苦手でした。

― Momomiさんが太ってしまった
きっかけはなんですか？

M 高校生のときにアメリカ留学に10ヵ
月行ったことがきっかけでした。当
時、食事の時間にホストファミリーか
らいろいろ話しかけられていたとき
に、最初はなにをいっているのかわか
らなかったので、なんでも「Yes！」っ
て答えていたら、メインの食事をとっ
た後にパスタが出てくるなどの現象が
起きて…。最初はわからずに残さず食
べていましたが、しばらくしてホスト
ファミリーが「もっと食べる？」と毎
回私に話しかけていたことに気がつい
て…。こうして人生最大の体重を叩き
出し、太りやすい体質になりました。

― 留学中はダイエットに
挑戦しましたか?

M そのころには胃袋が大きくなって1日6
食の状態に。食事を減らすと満足でき
ない体質になっていたので、留学中に
ダイエットするのは無理でした (笑)。

― 留学は自分から行こうと
決意されたのですか?

M 親からのすすめで嫌々行きました。
最初は頑なに拒否していたのですが、
母親から「3日で帰ってきてもいいか
らとにかく行ってくれ!」と懇願され
て…。根負けして行くことを決意しま
した。このころの私は、人見知りがす
ごくてあまり人と話さないうえに、や
りたいこともなくて主体性がなかった
ので、親が見兼ねたのだと思います。
本当なら自発的に、強い意志を持って
行くものだと思うのですが…。日本を
たった後も本当に留学が嫌すぎて、行
きの飛行機の中でアメリカに着くまで
ずっと泣いていました (笑)。

― 留学先での人との
コミュニケーションは
どれくらいで慣れましたか?

M 理由は未だに謎のままなのですが、
留学3ヵ月目に突然ホームステイ先の
ホストファミリーから家を追い出され
てしまって…。次の滞在先を見つける
ため、いろいろな人に事情を説明する
のに辞書で単語を調べながら全部セリ

フを考えて、毎日のように繰り返した
り、相手から聞かれてわからないこと
は、メモをしてその日の夜に辞書で調
べて、次から答えられるようにセリフ
をつくっているうちに慣れてきました。

― 家がなくなった時点で
日本に帰ろうとか
親を頼ろうとは思わなかったですか?

M 次の滞在先が見つからなかったら強制
帰国だと留学団体に言われたので、帰
国する選択肢を取ったら10ヵ月分の
留学費用が無駄になると考えると親に
申し訳ない気持ちがあり、なんとかし
て滞在先を見つけようと思いました。

― 次のホームステイ先は
どうやって見つけたのですか?

M クリスマスだったということもあり教
会で探しました。キリスト教にとって
クリスマスは家族と過ごす特別な日で
もあるので。家族と過ごせないことが
可哀想だと思ってもらえて、次のホー
ムステイ先を10日間くらいで見つけ
ることができました。

― Momomiさんが留学で経験したことは、
結構レアなケースですよね?

M そうですね (笑)。ただ、この経験で、
自分で考えて行動する力やコミュニ
ケーションを取ることへの意識が変わ
りました。今までは、人が自分のこと
をどう思っているかが気になっていた

のですが、知らない人に、「この子変だな」とか思われても、その人と一生関わるわけではなく、過剰に身構える必要はないことに気づきました。人との関わり方のマインドが変わったことで、気持ちも楽になり、自分から行動を起こすことや言葉を発信することに抵抗がなくなりました。

— 帰国後、留学前と変化したと
　思うことはありましたか？

M 独立心が培われていました。例えば友人関係では、留学前は、友だちになるにはどうすればいいかわからず、またどこかのグループに属さないと自分が浮いてしまう焦りがありました。帰国後は、無理に誰かと仲良くしなくてもいいということに気づき、一人でいることに抵抗がなくなりました。自分のことをわかってくれて、尊敬しあえる人がいれば、人生は充実するというふうに考えられるようになりました。また、留学を通して日本とアメリカの教育のちがいに気づきました。アメリカでは正しいか正しくないかではなく、自分の意見をいうことを大切にしています。答えは一つではなく、自分がどう思うかということを重要視しているのです。「完璧でいること」よりも「まずは挑戦してみること」が大切なのだと学びました。帰国後は、自分に少し自信が持てるようになっただけでなく、決断力も身につきました。特に大

きな決断は大学卒業後の働き方です。就職するか最後まで迷いましたが、挑戦しないことのほうがリスクだと思い、就職しない選択をとりました。これまで、やらなかったことに何度も後悔してきたので…。挑戦して失敗したのであれば後悔はないはずと思いました。

— YouTuberとして
　今後の展望はありますか？
　また、Momomiさん自身の
　目標も教えてください。

M 私はかつてまちがったダイエット法でリバウンドし、思うように結果が出なくて自己嫌悪に陥ってつらい思いをするなど、ダイエットでさまざまな挫折を経験しました。これを経てわかったことが、「ダイエット＝我慢する」ではなく、ダイエットは心と体を健康にするものだということ。我慢しなくてもやせられるということをYouTubeを通して伝えていきたいです。私自身については、1年前の自分が今の自分を想像できていなかったのと同じように、今からは想像できないような、やりたいことにとことん打ち込んでいる自分になっていたいです。今後も興味のあることにはすべて挑戦していきたいと思っています。

「MomoFitでこんなにやせた！」体験談

ダイエットVLOGでは、毎週ワークアウトプランを配信中です。
私のワークアウトプランを実践している視聴者の方の声を紹介します。

ワークアウトプランとは？

1週間ごとに重点的に引き締める部位のトレーニングメニューを難易度別で
まとめて公開しているもの。難易度は「Beginner（初級）」「Medium（中級）」
「Advanced（上級）」の3種類に分けているので、自分のペースに合わせてト
レーニングできます。私のInstagramでは、フォロワーさんにアンケートを
とってワークアウトプランを決めることも。毎週月曜日にプランを公開して
いるので、ぜひチェックしてください！

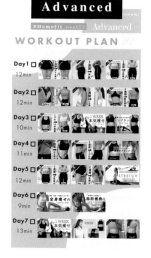

Momomi's SNS

Instagram @ momomi_fit **YouTube** https://www.youtube.com/c/Momomi

一緒に頑張っている方からの声

ミッシェルさん

BEFORE **52**kg　AFTER **45**kg　**6**ヵ月

悩み

不摂生な生活で気づいたら10kg太り、好きな服を着られなくなりました。

トレーニング

腹筋＋お尻＋脚のトレーニング

感想

朝トレで集中力が高まり、暴食もなくなりました。また、自分に自信がつきました。

yanaさん

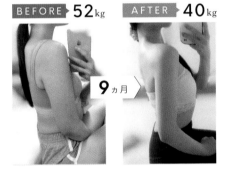

BEFORE **52**kg　AFTER **40**kg　**9**ヵ月

悩み

夫に「お尻が垂れてるね」と言われたのが本当にショックでした。

トレーニング

総合的に取り入れましたが、私は二の腕＋肩＋お尻のトレーニングが一番好きです！

感想

最初は短時間でもキツく…。でもやせたい一心で続けたら本当に変われました！

yuri_chanさん

BEFORE **58**kg　AFTER **44**kg　**12**ヵ月

悩み

標準体重を超え、二の腕を出す服やミニスカートをはく自信がなくなりました。

トレーニング

ストレッチ＋腹筋＋お尻＋背中のトレーニングをメインに行いました。

感想

短時間で追い込めるのがよかったです。やりきった達成感もすごくありました！

Training plan sheet

トレーニング計画シート

10DAYS GOALS AND RESULT - 10日間の目標と結果 -

1 day		
2 day		
3 day		
4 day		
5 day		
6 day		
7 day		
8 day		
9 day		
10 day		

ダイエットを習慣化させるには、計画を「見える化」することも大切です。
まずは10日間の変化を記録して、1つの目標を達成しましょう。

※コピーして使用してください。

10DAYS TRAINING IMPRESSION
- 10日間トレーニングをした感想 -

BEFORE
- 元の体重 -

AFTER
- 現在の体重 -

CHALLENGES FOR NEXT 10DAYS
- 次の10日間の課題 -

シートの記入方法

「10日間の目標と結果」には、左側にその日に行いたいトレーニング内容を書き込む。トレーニング内容は本書のページ数を書き込んでもOK。右側には実際に行ったトレーニングのページ数を記入しよう。

- -

「10日間トレーニングをした感想」には、トレーニングを終えた10日目に感想をまとめて記入。自分を褒めるポジティブな言葉を選ぶと継続につながりやすい。

- -

「元の体重」には、トレーニングをする前の体重を記入。「現在の体重」には10日後の体重の数値を記入しよう。

- -

「次の10日間の課題」は今回の10日間のトレーニングや食生活についてを振り返り、次の10日間で行いたいことを記入。小さな目標にすることを心がけよう。

おわりに

著者 **Momomi**

最後まで読んでくださり、ありがとうございます。
これまで私はダイエットを決意したら、
たくさんのルールをつくって、
その結果、いつも心が折れて失敗してきました。
「食べながらやせる」なんて幻想だと
本気で思っていた時期もありました。
そして、リバウンドを繰り返すうちに、
食事制限してもやせない、省エネ体質に
なっていました。そんなときに出合ったのが
「宅トレ」です。
はじめは休憩を挟みながら1日5分の筋トレを
こなし、30日間半信半疑で続けてみたところ、
想像以上の変化に驚きました。
これまで何も継続ができなかった私が
筋トレを続けられた理由は、
根性でも意志の強さでもありません。
「短時間でできること」「期間が明確なこと」
この2つです。先が見えない真っ暗な道を
ひたすら走り続けるなんてできないですよね。
習慣化には、まずは小さなゴールを設定することが
必要だと気づきました。そしてそれが
本書で紹介した「超やせルーティン」の
コンセプトにもつながっています。
小さなゴールを達成し続けることが、大きな結果に
つながります。これからも一緒に頑張りましょう!

医療監修　野坂華理

総合健診センターヘルチェックレディース新宿院長。呼吸器内科、産業医。2010年、山形大学医学部卒業。杏林大学医学部附属病院で研修後、同病院呼吸器内科に入局。2018年、総合健診センターヘルチェックに勤務し、2019年より現職。アンチエイジング、運動療法、栄養学についても詳しい。日本内科学会認定医、日医認定産業医。

この書籍の監修のお話をいただいたころは
恥ずかしながらMomomiさんのお名前を
まったく存じ上げておらず、監修という立場としては
当然知らねばと、慌ててInstagramを
フォローさせていただき、YouTubeを拝見しました。
するとMomomiさんが
素敵な人だということはもちろん、
よい意味での「自分にも真似できそう」と
多くの人に思わせる力があるということを感じました。
リバウンドしにくい体質になるためには
食事も運動も継続することが大切です。
生体には身体の内部機能を一定に保とうとする力
ホメオスタシス(生体恒常性)が備わっています。
食事を極端に減らすとその生活に順応し、
少ないカロリーでも足りる身体に変化してしまうため、
食事を元に戻すとリバウンドしてしまいます。
それを防ぐにはMomomiさんのように
バランスのよい食事内容にすること、
そして一日短時間でもよいので継続できる
運動習慣を身につけることが大切です。
この書籍は、実際にMomomiさんの
生活習慣の一部を見ることができます。
一朝一夕にというわけにはいきませんが、
理想の自分に近づくためのツールとして、
Momomiさんに刺激されながら頑張りましょう！

Momomi

1995年、大阪府生まれ。早稲田大学国際教養学部卒業。2019年にYouTubeを開設し、1年半で登録者70万人を突破。自身が55kgから44kgへのダイエットに成功した経験をもとに、短期間でやせるトレーニング「MomoFit」を考案。そのほか、ダイエット中でも美味しく食べられる時短ヘルシーレシピなどをSNSで紹介し、多くの女性から支持を集めている。

YouTube
https://www.youtube.com/c/Momomi

Instagram
@momomi_fit

STAFF

編集協力	松本裕の(スタジオポルト)
デザイン	山岸蒔(スタジオダンク)
DTP	椎名久美子(スタジオダンク)
イラスト	日江井香
撮影	三輪友紀(スタジオダンク)
実技モデル	Momomi
料理画像	Momomi
ヘアメイク	亀山勝喜、鎌田真理子
衣装協力	Alia
校正	東貞夫
編集	河村伸治

10日間で引き締まる！
超やせルーティン
すぐ習慣化できる5分燃焼トレーニング

2021年8月19日　初版発行

著者	Momomi
医療監修	野坂華理
発行者	青柳昌行
発行	株式会社KADOKAWA
	〒102-8177　東京都千代田区富士見2-13-3
	電話 0570-002-301(ナビダイヤル)
印刷所	凸版印刷株式会社